Dieter von Beeren, Volker Molfenter, Bernd Schneiderat

Der Seminarkurs

Selbstständig lernen in der gymnasialen Oberstufe

1. Auflage

Bestellnummer 07507

Bildungsverlag EINS
a Wolters Kluwer business

Die in diesem Werk aufgeführten Internetadressen sind auf dem Stand der Drucklegung. Die ständige Aktualität der Adressen kann von Seiten des Verlags nicht gewährleistet werden. Darüber hinaus übernimmt der Verlag keine Verantwortung für die Inhalte dieser Seiten.

Haben Sie Anregungen oder Kritikpunkte zu diesem Buch?
Dann senden Sie eine E-Mail an 07507@bv-1.de.
Autoren und Verlag freuen sich auf Ihre Rückmeldung.

www.bildungsverlag1.de

Unter dem Dach des Bildungsverlages EINS sind die Verlage Gehlen, Kieser, Stam, Dähmlow, Dümmler, Wolf, Dürr + Kessler, Konkordia und Fortis zusammengeführt.

Bildungsverlag EINS
Sieglarer Straße 2, 53842 Troisdorf

ISBN 3-427-**07507**-9

Inhaltsverzeichnis

Seminarkurs – und dann?

Vorwort

Der Seminarkurs soll studien- und berufsvorbereitende Arbeitsmethoden vermitteln, die den Schüler zu selbstständigem Lernen befähigen.

Dieses Buch möchte dazu beitragen, dieses Ziel zu erreichen.

Es ist ausdrücklich für die Hand des Schülers gedacht und entstand aus der Seminarkurs-Praxis. Die Grundkonzeption orientiert sich am Ablauf der Seminarkurse an der Johann-Philipp-Reis-Schule in Weinheim, wo das Autorenteam seit mehreren Jahren Seminarkurse anbietet. Viele der Beispiele in diesem Buch stammen aus dem Seminarkurs zum Thema Phänomen Rauchen aus dem Schuljahr 2003/2004.

Das Buch soll Schülern mithilfe von Beispielen, Tipps und Übungen viele Anregungen bieten und ihnen in ihrer Seminarkurszeit mit Rat und Tat zur Seite stehen. Es ist auch geeignet für gleichwertige Feststellungen von Schülerleistungen (GFS), Projekte, Referate, schriftliche Hausarbeiten und Präsentationen.

Besonderer Dank gilt an dieser Stelle Herrn Frank Merkel, der seit Jahren mit den Seminarkursteilnehmern der Johann-Philipp-Reis-Schule einen Workshop zum Thema Präsentation in den Räumen der Firma wob AG in Viernheim durchführt.

Trotz aller Erfahrung, Sorgfalt und Bemühungen wird ein Buch zum Seminarkurs nicht alle Möglichkeiten, die ein solcher Kurs bieten kann, abdecken können und verbesserungsfähig bleiben. Wir sind deshalb für jede Anregung und jeden Vorschlag dankbar.

Aus Gründen der besseren Lesbarkeit wird bei geschlechtsspezifischen Bezeichnungen in vielen Fällen ausschließlich die männliche Form gewählt.

Das Autorenteam

Statements

„Unsere Arbeitswelt befindet sich mitten in einer gravierenden Veränderungssituation: Globalisierung, Virtualisierung, Effizienzsteigerung sind Schlagworte, die mitunter Angst machen. Die Ausbildung steht vor neuen Herausforderungen. Neue Inhalte, neue Methoden, neue Qualifikationen sind gefragt.

Gut, wenn Schulen frühzeitig die Zeichen der Zeit erkennen und mit intelligenten Konzepten ihre Schüler fördern. Das Konzept Seminarkurs ist ein guter Weg zum Ziel, lebenstüchtige, selbstbewusste Menschen schon in der Schule zu entwickeln.

Mit dem richtigen Rüstzeug muss niemand vor Veränderungen Angst haben, sondern kann sich im Gegenteil auf spannende Aufgaben freuen. In diesem Sinne wünschen wir allen Seminarkursteilnehmern nicht nur Erkenntnisgewinn, sondern auch eine Menge Spaß."

Frank Merkel, Diplom-Kaufmann
Vorstand der wob AG, Viernheim

„Die Umstellung von der Schule zur Hochschule stellt für viele einen wesentlichen Einschnitt in ihrem Leben dar.

Als Studienanfänger trifft man auf ganz neue Arten von Lehrveranstaltungen: Vorlesungen, Seminare, Kolloquien, Übungen sowie Hausarbeiten brechen über einen herein. Häufig bereiten den Studierenden hier vor allem mangelnde Kenntnisse über Techniken bzw. Methoden der Wissensbeschaffung und Aufbereitung des Lernstoffs Schwierigkeiten.

Das Konzept des **Seminarkurses** schließt eine Lücke und erleichtert somit den Übergang vom Schulabsolventen zum Studien- bzw. Berufsanfänger: **Durch die interdisziplinäre Herangehensweise an Problemstellungen und studienreale Arbeitsweisen erfolgt im Seminarkurs der gymnasialen Oberstufe die Vorbereitung auf ein praxisorientiertes Studienkonzept.**

Der Seminarkurs ist somit der Startschuss für erfolgreiches Studieren."

Prof. Dr. Michael Dinkel
Fachhochschule Heidelberg, Fachbereich Wirtschaft/Sportmanagement

Wesen des Seminarkurses

Was ist das Besondere am Seminarkurs?

Der Seminarkurs wird in Baden-Württemberg als zweisemestriger Kurs meist in den ersten beiden Halbjahren der Kursstufe mit je drei Wochenstunden angeboten.

Gemäß der neuen Bildungspläne bietet er neue Lern- und Arbeitsformen. Er sollte fächerübergreifend und projektorientiert ausgerichtet sein und den Schülern Möglichkeiten bieten, selbstständig und selbstorganisiert, allein oder im Team, zu lernen. Gefördert werden hochschulnahe, erwachsenengerechte Arbeitsmethoden, die studien- und berufsvorbereitend ausgerichtet sind.

Wie sich in der neugeordneten gymnasialen Oberstufe zeigt, hat sich der Seminarkurs inzwischen durchgesetzt.

Tipp!

Der aktuelle Bildungsplan steht im Internet unter www.bildung-staerkt-Menschen.de/service/downloads/Bildungsplaene/Gymnasium_Bildungsplan_Gesamt.pdf als Download zur Verfügung.

1 Was bringt mir der Seminarkurs?

Für die Schüler ergeben sich mit dem Seminarkurs als besondere Lernleistung im Wahlbereich der gymnasialen Oberstufe zwei attraktive Profilierungsmöglichkeiten.

Unter bestimmten Bedingungen kann im Abitur ein Prüfungsfach ersetzt werden oder der Seminarkurs wird im Abiturzeugnis als Zusatzleistung aufgeführt.

Sie erlernen unverzichtbare Kompetenzen wie Teamfähigkeit, Zeitmanagement und Präsentationsfähigkeit, die Ihnen im Studium und im Berufsleben erhebliche Vorteile verschaffen können.

1.1 Bedeutung für das Abitur

Zur genauen Information über die gymnasiale Oberstufe gibt das Ministerium für Kultus, Jugend und Sport/Baden-Württemberg für jeden Abiturjahrgang einen Leitfaden heraus. Dieser steht im Internet auf den Serviceseiten des Ministeriums als pdf-Download zur Verfügung:

www.km-bw.de

Hier wird gezeigt, wie der Seminarkurs als besondere Lernleistung für den Schüler in das Abitur integriert werden kann. Eine besondere Lernleistung kann in die Abiturprüfung miteingebracht werden. Zu solchen Lernleistungen zählen ein abiturgerechter Beitrag aus einem von Land oder Bund geförderten Wettbewerb oder der zwei Halbjahre umfassende Seminarkurs. Beide müssen mindestens mit einer schriftlichen Dokumentation und einem Kolloquium abschließen. Bei Gruppenarbeiten muss die individuelle Leistung bewertet werden können.

Im allgemein bildenden Gymnasium

kann der Seminarkurs das mündliche, fünfte Prüfungsfach wahlweise je nach Aufgabenfeld ersetzen, wobei die Gesamtnote vierfach gewertet wird.

Die Pflichtanrechnung des dem Seminarkurs zuzuordnenden Aufgabenfeldes im ersten Anrechnungsblock entfällt.

Wird der Seminarkurs nicht als fünftes Prüfungsfach eingesetzt und sind mindestens fünf Notenpunkte erreicht, ist man von einer zusätzlichen mündlichen Prüfung befreit.

Prüfungsfachkombination mit Seminarkurs (allgemein bildendes Gymnasium)

Im beruflichen Gymnasium

kann der Seminarkurs wahlweise ein viertes schriftliches Prüfungsfach oder die fünfte mündliche Prüfung ersetzen, wenn die einfache Gesamtwertung mindestens fünf Punkte ergibt, wobei auch hier die Gesamtnote jeweils vierfach gewertet wird.

Voraussetzungen für die Anrechnung auf ein schriftliches viertes Prüfungsfach sind:

- Das Rahmenthema ist am Profil des jeweiligen beruflichen Gymnasiums orientiert.
- Der Seminarkurs kann eindeutig einem Fach zugeordnet werden, das als schriftliches Prüfungsfach hätte gewählt werden können.
- Eine vorgeschriebene Prüfung in einer Fremdsprache kann nicht durch den Seminarkurs ersetzt werden → im WG/SG muss die B-Sprache, wenn Prüfungsfach, fünftes Prüfungsfach sein.

Wird der Seminarkurs als Prüfungsfach gewählt, so ist man von der vierten schriftlichen oder fünften mündlichen Prüfung befreit.

Weitergehende Informationen im Internet unter

www.leu.bw.schule.de/bild/BGVO.pdf.

Struktur der Abiturprüfung am beruflichen Gymnasium mit Einbringung des Seminarkurses

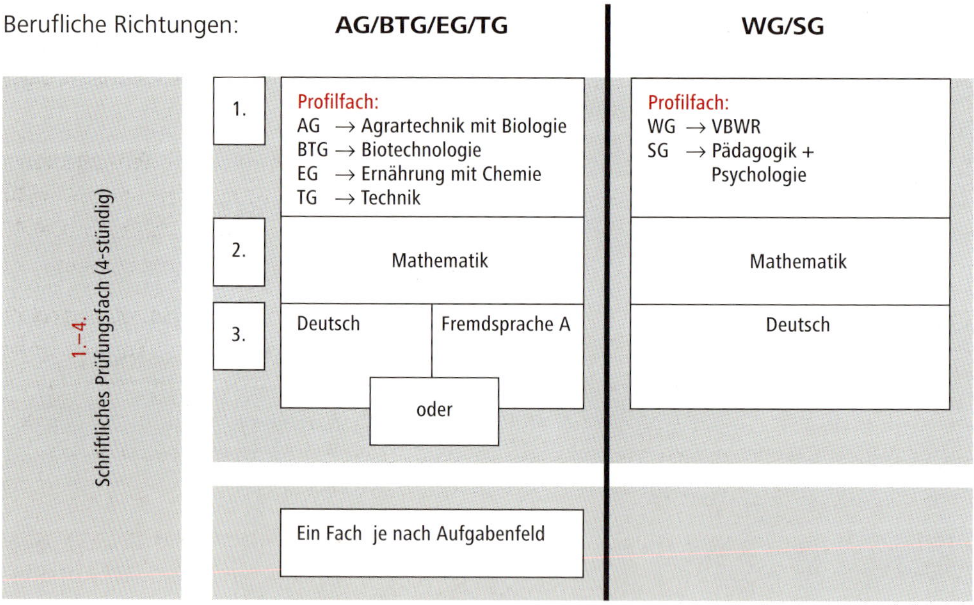

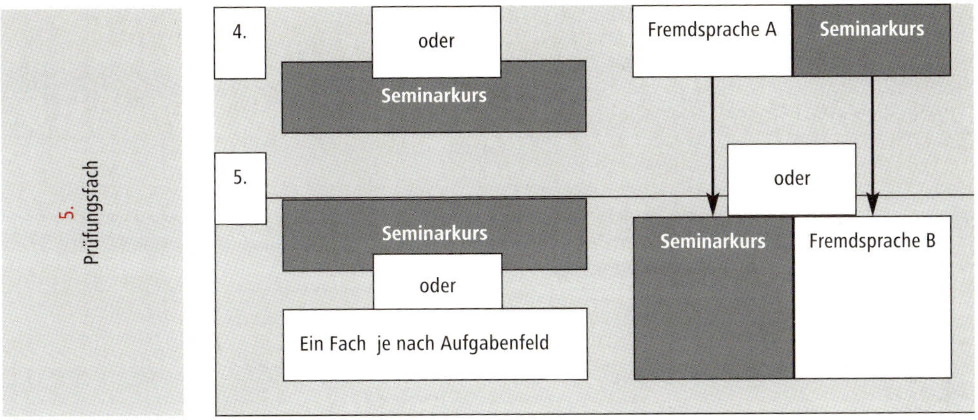

Berufliche Richtungen:
AG → berufliches Gymnasium der agrarwissenschaftlichen Richtung
BTG → berufliches Gymnasium der biotechnologischen Richtung
EG → berufliches Gymnasium der ernährungswissenschaftlichen Richtung
SG → berufliches Gymnasium der sozialpädagogischen Richtung
TG → berufliches Gymnasium der technischen Richtung
WG → berufliches Gymnasium der wirtschaftswissenschaftlichen Richtung

1.2 Bedeutung für Ausbildung, Studium und Beruf

Da der Seminarkurs zum Ziel hat, Fähigkeiten zu fördern, die erwachsenengerecht, hochschul- und berufsnah sein sollen, haben Sie als Teilnehmer Vorteile bei Bewerbungsgesprächen, im Hochschulalltag (Seminare, Vorträge usw.) und im Berufsleben.

Arbeiten im Team, selbstgesteuertes Lernen, Zeitmanagement, Erlernen von Präsentationsfähigkeiten sind Kompetenzen, die in der heutigen Gesellschaft und Arbeitswelt nicht mehr wegzudenken sind. Der Erfolg wird sich zeigen, wenn Sie nach Schulabschluss in Ausbildung, Studium oder Berufsleben nachhaltig von Ihrem Seminarkurs profitieren können.

Es zählt also nicht nur fachliches Wissen zu einem Thema, sondern Sie werden darüber hinaus auch andere Fähigkeiten und Fertigkeiten erwerben. Sie werden Informationen selbstständig beschaffen und auswerten, Ergebnisse schriftlich festhalten und präsentieren, ohne dass ein Lehrer jeden Schritt überprüft. Es wird nötig sein, zu lernen mit der neuen Freiheit umzugehen und sich selbst ständig zu motivieren. Sie werden in Gruppen längere Arbeitsphasen organisieren und diese möglichst effizient gestalten.

Am Ende werden Sie auch fähig sein, die Ergebnisse zu reflektieren, zu überprüfen und zu bewerten.

Aus all diesen Arbeitsweisen ergeben sich für Sie methodische Kompetenzen für das Handlungsfeld des Seminarkurses.

Einige Methoden sind in folgendem Schema in einer sinnvollen zeitlichen Abfolge dargestellt, wobei einige Übergänge natürlich auch fließend sein können.

Arbeitsschritte im Seminarkurs:

Eigene Informationen sammeln

Brainstorming/Mind-Map/Clustering/Methode 635, usw. …

↓

Recherchieren/an weitere Informationen gelangen

Vorträge/Bibliothek/Internet/Zeitschriften/Exkursionen/Diskussionen/Workshops usw.

↓

Gruppenarbeit/Teamwork

Regeln vereinbaren
Pläne erstellen
Konflikte bewältigen

↓

Information auswählen, strukturieren, gliedern

Ziele festlegen
Fragen stellen
Ideen entwickeln/Kreativität
Diagramme erstellen

↓

Zeitmanagement/Termine einhalten

Zeitpläne erstellen
Arbeitsschritte festlegen
Arbeitstempo einschätzen

↓

Dokumentation erstellen

Recherchieren/Gliederung/Visualisieren/Bewertung/Literaturangaben

↓

Präsentation

Rhetorik/Medien/Visualisieren/Bewertung

↓

Kolloquium

Reflektieren
Argumentieren

Ernst-Schmidt, Einleitung, 2002, S. 4 (verändert)

Kann ich die erlernten Arbeitsweisen auf andere Lernleistungen übertragen?

In den verschiedensten Fächern müssen zusätzliche Lernleistungen wie schriftliche Hausarbeiten, Projekte, Referate, Präsentationen und gleichwertige Feststellungen von Schülerleistungen (GFS) erbracht werden.

Sie profitieren dort ebenso von den in diesem Buch vorgestellten Arbeitsweisen und Wegen zur Ausbildung von Methodenkompetenz, da sie auf die im Laufe der Kursstufe relevanten Lernleistungen der gymnasialen Oberstufe übertragbar sind. Sie können sich problemlos die vorgestellten Arbeitsformen für die jeweilige Lernleistung herauspicken und entsprechend anwenden.

2 Wie kommt meine Seminarkursnote zustande?

Der Besuch des Seminarkurses wird gemäß des Leitfadens der gymnasialen Oberstufe mit folgenden Noten (Notenpunkten) bewertet:

Für den Unterricht der beiden Halbjahre der Kursstufe, für die Dokumentation und für das Kolloquium.

Der Leitfaden empfiehlt, die Notenpunkte der beiden halbjährigen Kurse je zur Hälfte, das Kolloquium und die Dokumentation zu je einem Viertel zu gewichten. Die daraus sich ergebende Punktzahl wird vierfach gewertet. Es sind damit insgesamt bis zu 60 Punkte in der Gesamtqualifikation der Abiturprüfung erreichbar.

Bei Arbeiten und Präsentationen, an denen mehrere Schülerinnen und Schüler beteiligt sind, ist die Bewertung der individuellen Leistung erforderlich und falls nötig entsprechend zu kennzeichnen.

Wie wird bewertet?

Im ersten Halbjahr sollen von Ihnen, wie später im Kapitel über den Verlaufsplan noch deutlich wird, viele Fähigkeiten erlernt und vor allem in kleinen Trainingsschritten (Mikros) geübt werden.

Im zweiten Halbjahr werden diese von Ihnen erlernten und geübten Fähigkeiten vor allem angewendet und auch öffentlich präsentiert. Ein Unterricht im eigentlichen Sinn findet nicht mehr statt, denn Sie erarbeiten Ihre Dokumentation und Präsentation unter Beratung und Moderation der Kurslehrer. Daher bietet sich an, die Präsentation als Schwerpunkt in die Bewertung mitaufzunehmen, da die Schüler hiermit ihr Engagement und ihre selbstständige Arbeit öffentlich zeigen.

Das Autorenteam hat seine Bewertung gemäß der dargelegten Probleme und auf Grund der Erfahrung vieler Seminarkurse folgendermaßen gestaltet:

- Note für die Leistungen im ersten Halbjahr
- Note für die Dokumentation
- Note für die Präsentation
- Note für das Kolloquium.

Das Seminarkursteam (Schüler und Lehrer) sollte die Zusammensetzung der Bewertungen diskutieren und sich am Anfang des Kurses verbindlich für eine Variante entscheiden.

Das Autorenteam wendet für die **Bewertung des ersten Halbjahres** folgende Kriterien an:

- Mitarbeit
- Arbeitshaltung
- Engagement
- Teamfähigkeit
- Protokolle
- kleine Präsentationen nach einer gewissen Übungsphase
- Organisation von Veranstaltungen und Exkursionen
- schriftlich ausgearbeitetes Exposee und Kurzpräsentation des gewählten Themas am Ende des Halbjahres.

Dokumentation, Präsentation und Kolloquium sind die Höhepunkte des Seminarkurses.

Mit der Dokumentation zeigen Sie Ihre Arbeit und Ihr Engagement in schriftlicher Form als gebundenes Werk. In der darauffolgenden – möglichst öffentlichen – Präsentation stellen Sie ausgewählte Abschnitte Ihrer Arbeit vor.

Sie können zeigen, dass Sie die im Kurs erworbenen und trainierten Präsentationstechniken beherrschen.

Das Kolloquium gibt dann noch einmal Gelegenheit, Ihre Arbeit, Ihre verfolgten Wege und Ihre Ergebnisse in einem Gespräch zu diskutieren und insgesamt den Seminarkurs zu reflektieren.

Die Kriterien zur Bewertung der Dokumentation, Präsentation und Kolloquium werden in den entsprechenden Kapiteln vorgestellt.

Inhalte des Seminarkurses

1 Verlauf

Wie viel Zeit habe ich für den Seminarkurs?

Wie eingangs erwähnt schreiben die Rahmenbedingungen des Kultusministeriums vor, dass der Seminarkurs in zwei aufeinander folgenden Halbjahren der Kursstufen stattzufinden hat. In der Regel finden drei Kursstunden pro Woche statt.

1.1 Was muss ich in diesen zwei Halbjahren machen?

Auf Grund der im vorherigen Kapitel bereits beschriebenen Bewertung der Seminarkursleistungen ergibt sich ein gewisser Verlaufsplan.

- Beiträge zum Seminarkurs
- Methodisches Vorgehen (Präsentation)
- Schriftliche Dokumentation
- Kolloquium

In dem einjährigen Kurs stehen nicht nur der Inhalt bzw. das Thema im Vordergrund, sondern auch die Methoden, mit denen dieses Thema erarbeitet, strukturiert und vermittelt werden sollen. Neue Methoden werden eingeführt, geübt, möglichst selbst organisiert, d.h. die Lehrer sind dabei lediglich Moderatoren und Vermittler.

Sie erleben hier eine andere Form des Lernens.

Damit ein Training so vieler Methoden Sie nicht abschreckt oder überfordert, können Sie zusammen mit Ihrem Kurs die Lernstufen in kleine, überschaubare Schritte unterteilen.

Von kleineren Trainingsschritten (Mikros) können Sie in größere Methodenbausteine (Makros) übergehen.

Dabei hilft auch, wenn Sie gemeinsam mit Ihrem Lehrer absprechen, die Kursstunden nicht im üblichen 45-Minuten-Takt durchzuführen, sondern sich flexibel an den inhaltlichen Erfordernissen zu orientieren. Dies fördert Ihr persönliches Zeitmanagement.

1.2 Wie teile ich meine Zeit ein?

Der Seminarkurs erfordert im Unterschied zum gewohnten Unterricht einen anderen Umgang mit der Zeit. Die flexible Gestaltung der Kursstunden lässt Raum für zusätzliche Aktivitäten außerhalb des Unterrichts. Dies erfordert von Ihnen ein kontinuierliches und selbstständiges Arbeiten. Sie müssen Termine ernst nehmen und lernen ein für Sie und Ihr

Team passendes Zeitmanagement zu finden. Eine realistische Planung verhindert dabei böse Überraschungen.

Tipps!

Erstellen Sie einen Terminplan unter Zuhilfenahme eines Kalenders

Stellen Sie einen Arbeitsplan auf

Setzen Sie sich mit ihrem Team Ziele und formulieren Sie diese möglichst konkret

Setzen Sie Prioritäten

Halten Sie alles schriftlich fest

Berücksichtigen Sie Ihren schulischen und privaten Stundenplan (Wann schreibe ich viele Klausuren? Wann habe ich Freiräume?)

Schieben Sie möglichst nichts auf

Halten Sie Ihre zeitlichen Vorgaben ein (Selbstdisziplin)

Belohnen Sie sich für erledigte Aufgaben

Übung

Haben Sie in der nächsten Zeit ein Referat oder eine GFS vorzubereiten? Steht ein Event bevor? (Geburtstags- oder sonstige Feier/...)

Erstellen Sie einen Zeitplan nach den oben genannten Tipps.

1.3 Wie verteile ich die geforderten Arbeitsformen auf ein Schuljahr?

Der nachfolgend aufgeführte **Stufenplan** enthält den möglichen Ablauf eines Methodentrainings innerhalb eines zwei Halbjahre ablaufenden Seminarkurses. Die Höhepunkte sind dabei Ihre Dokumentation, Ihre Präsentation und die Reflektion zum ganzen Kurs, Ihr Kolloquium. Der Stufenplan soll Ihnen einen schematischen Überblick über die Anforderungen verschaffen, die in einem Seminarkurs im Jahresablauf auftreten können.

Dieser Plan ist unabhängig vom Rahmenthema und enthält ein Grobraster, das von dem Team Schüler und Lehrer Ihren eigenen Bedürfnissen angepasst werden kann:

Stufenplan für einen Seminarkurs über zwei Halbjahre
Vom Methodentraining in kleinen Schritten zu den Makros Dokumentation, Präsentation und Kolloquium

Rahmenthema						
1.Halbjahr				2.Halbjahr		
Themenfindung			Thema gefunden	Dokumentation	Präsentation	Kolloquium
Infos sammeln • ordnen • Brainstorming • Mindmap	recherchieren • Vorträge • Bibliotthek • Internet • Exkusionen • Workshops • Diskussionen	auswählen • strukturieren • gliedern • Unterthema • Zeitpläne • Kleinvorträge • Protokolle	Gliederung • Formulierung • Medien • Visualisierung • Rhetorikübung	• Erstellung • Termin • Abgabe • Bewertung	• Erstellung • Termin • Ausführung • Bewertung	• Termin • Gespräch • Reflektion • Bewertung
Allein und in Gruppen			Thema im Zweierteam bearbeiten			
Kleine Trainingsschritte (Mikros)				3 Höhepunkte (Makros)		

Wie sieht ein Verlaufsplan aus?

Damit Sie eine konkrete Vorstellung davon bekommen, wie ein Seminarkurs über ein Schuljahr hinweg ablaufen kann, ist hier als Beispiel der Verlaufsplan eines Seminarkurses der Johann-Philipp-Reis-Schule Weinheim dargestellt.

Beispiel

Der Kurs fand im Schuljahr 2003/2004 statt.

Das Rahmenthema hieß „Phänomen Rauchen“.

Schüler und Lehrer haben die Termine gemeinsam abgesprochen und festgelegt.

Der Kurs fand freitags nach der 6. Stunde ohne festen 45 Minuten-Rhythmus statt.

Auf der dem Buch beiliegenden CD finden Sie die Vorlage eines Verlaufsplans.

Seminarkurs: „Phänomen Rauchen"
Verlaufsplan 2003/2004

Klassen: 1/a-b-c (= 12. Klasse) Lehrer: Molfenter/von Beeren

	Woche	Thema	Bemerkungen
1.	08.09.–13.09.	Vorbesprechung	
2.	15.09.–19.09.	Erster Ablaufplan im Teamgespräch Brainstorming zum Thema Rauchen Mind-Map	Multimediaraum
3.	22.09.–27.09.	Grundlagenvortrag zum Thema Rauchen Biologisch-medizinische Aspekte Diskussion	Multimediaraum von Beeren
4.	29.09.–4.10.	Feiertag 03.10.	
5.	06.10.–11.10.	Grundlagenvortrag zum Thema Rauchen Wirtschaftlich-industrielle Aspekte Diskussion	Multimediaraum Molfenter
6.	*13.10.–17.10.*	*Exkursion: Geschichte des Tabaks* *Tabakanbau in der Region* *Museums – Scheune Heddesheim* *Vortrag/Führung/Diskussion*	*Freitag 17.10.* *13.15–17.00 Uhr*
7.	20.10.–25.10	Auswertung der Exkursion Kurzvorträge Aufgabenverteilung zum Thema Medieneinsatz (Präsentation und Skript) Kleingruppenbildung für Kurzvorträge	Multimediaraum
8.	27.10.–01.11.	Ferienbeginn	
		Herbstferien (31.10.–09.11.)	
9.	*10.11.–15.11*	*Kommunikationstag:* *Warm up* *Vortrag über Präsentationstechniken* *Kurzvorträge mit Video-Analyse* *der Teilnehmer*	*Samstag 15.11.* *9.30–14.00 Uhr*
10.	*17.11.–22.11.*	*Seminar der Barmer Krankenkasse* *Sucht/Krankheiten durch Rauchen* *Frau Leßmann und ein Betroffener*	*21.11.* *13.15–15.30 Uhr* *Multimediaraum*
11.	*24.11.–29.11.*	*Thema: Visualisierung (Work-Shop)*	*Frau Amann*
12.	01.12.–06.12	Präsentationen zum Thema Medieneinsatz	Multimediaraum
13.	*08.12.–13.12.*	*Deutsche Konferenz zur Tabakkontrolle* *10.–11.12.03* *Besuch einzelner Vorträge*	*DKFZ Heidelberg*
14.	15.12.–19.12.	Richtlinien zum Thema Seminararbeit Beratungstermine zur Seminarkursarbeit- Gliederung des Themas	Multimediaraum
		Weihnachtsferien (20.12.–06.01.)	
15.	06.01.– 10.01.04	Beratungsgespräche zur Themenfindung und Gliederung	Terminvereinbarung

16.	12.01.–17.01.	Präsentation des Themas Gliederung der Facharbeit Diskussion	Fr. 16.01.04 Abgabe des Themas und Gliederung der Facharbeit
17.	19.01.–24.01.	Besprechung der Noten für das 1. Halbjahr	Multimediaraum
18.	25.01.–29.01.	Information über Bewertungskriterien für Dokumentation/Präsentation und Kolloquium	
19.	02.02.–07.02.	Rhetorikkurs (Work-Shop) Themen für Minivorträge (Rhetorik)	Herr Rausch
20.	09.02.–14.02.	Kurzvorträge mit Videoanalyse	Multimediaraum
		Fastnachtsferien: 21.02.–28.02. (beweg. Ferientage)	
21.	01.03.–06.03.	Bewertung einer Präsentation Kriterienanwendung an einem Videobeispiel	Multimediaraum
22.	08.03.–13.03.	*Präsentation:* *Visualisierung, Einsatz von Medien* *Workshop in der Firma WOB Marketing-Kommunikation AG*	WOB, Viernheim *Fr. 12.03.* *9.00–13.00 Uhr*
23.	15.03.–20.03.	Recherchen für die Seminararbeit	Schülerteam
24.	22.03.–27.03.	Beratungsgespräche	
25.	28.03.–03.04.	Beratungsgespräche	
		Osterferien (04.04.–18.04.)	
26.	19.04.–24.04.	Abgabe der Dokumentation	Fr. 23.04.
27.	26.04.–01.05.	Präsentationsübungen nach Wunsch	Mulimediaraum
28.	03.05.–08.05.	Besprechung der Dokumentationen mit den Teams → hinsichtlich der Präsentation	Terminabsprache
29.	10.05.–15.05.	Besprechung der Dokumentationen mit den Teams → hinsichtlich der Präsentation	
30.	17.05.–22.05.	Himmelfahrt (Do) + Ferientag (Fr)	
		Pfingstferien (22.05.–06.-06.)	
31.	07.06.–12.06.	Beratungsgespräch	
32.	14.06.–19.06.	Präsentationstag (Fr.18.06.) gemäß Aushang (8.15 Uhr – 13.00 Uhr)	Raum 164 Medienraum
33.	21.06.–26.06.	Mündliches Abitur Kl.13	
34.	28.06.–03.07.	Kolloquium nach Absprache	
35.	05.07.–10.07.	Kolloquium nach Absprache	
36.	12.07.–17.07.	Abschlussbesprechung und Notenbekanntgabe	
37.	19.07.–24.07.	*Abschlussfeier mit Ausgabe der Zertifikate*	
		Sommerferien: 29.07. (Do) – 11.09. (Fr)	

*Die rotbeschrifteten Termine sind feste Termine, die **kursiv** gesetzten Daten sind zusätzliche **Sonderveranstaltungen**.*

Aktuelle Ferientermine unter:
www.kmk.org/aktuell/home.htm?ferien

2 Arbeitsthema

Das Rahmenthema eines Seminarkurses ist fächerübergreifend und kann deshalb unter verschiedenen Aspekten betrachtet werden. So kann ein Seminarkurs zum Thema Organspende beispielsweise unter biologischen, medizinischen und ethischen Gesichtspunkten betrachtet werden, hingegen ein Seminarkurs zum Thema Rauchen unter historischen, volkswirtschaftlichen und biologischen. Dadurch erhält der Seminarkursteilnehmer einerseits Freiräume für sein persönliches Arbeitsthema, andererseits tauchen aber auch neue Fragen auf:

- Welche Aspekte kennzeichnen das Rahmenthema?
- Gibt es Querverbindungen zwischen einzelnen Aspekten?
- Welche Aspekte interessieren mich mehr als andere?
- Wie bekomme ich erste Informationen?
- Wie bringe ich Struktur in das Faktenchaos?
- Wie finde ich mein persönliches Arbeitsthema?
- Habe ich das richtige Thema gewählt?

Diese Fragen werden in diesem Kapitel beantwortet.

Die nachfolgenden fünf Schritte in den Kapiteln 2.1 bis 2.5 sollen Ihnen dabei helfen, zielgerichtet Ihr Arbeitsthema zu finden.

2.1 Wie taste ich mich an das Rahmenthema heran?

Wenn Sie das Rahmenthema des Seminarkurses gehört haben, haben Sie sicher zunächst nur eine vage Vorstellung, was sich hinter diesem Thema verbirgt.

Wie erhalten Sie aber möglichst viele Aspekte zu dem gegebenen Thema?

Methode **Brainstorming**

Das Brainstorming ist eine Kreativitätsmethode, bei der durch spontane Ideenäußerung möglichst viele Ideen gesammelt werden. Das Brainstorming lässt sich allein oder im Team durchführen. Wirkungsvoller ist sicher der Einsatz in der Gruppe, da ein von einem Gruppenmitglied geäußerter Gedanke unwillkürlich zu Assoziationen der restlichen Gruppenmitglieder führt und dadurch weitere Ideen entstehen können. Um das Brainstorming erfolgreich einzusetzen, sollten Sie einige Grundregeln beachten.

Methode **Brainstorming**

Grundregeln:

- Halten Sie *alles* fest, was Ihnen zu dem Rahmenthema einfällt
- Die Äußerungen dürfen zunächst nicht beurteilt werden
- Es geht um die Menge an Äußerungen, nicht um die Qualität
- Setzen Sie sich einen Zeitrahmen (ca. 10 bis 15 Min.)
- Halten Sie diesen Zeitrahmen ein (auch wenn Sie irgendwann glauben, dass Sie keine neuen Ideen mehr haben)
- Beim Brainstorming in der Gruppe übernimmt ein Gruppenmitglied das Aufzeichnen der Äußerungen

Tipp!

Benutzen Sie zum Sammeln der Ideen Kärtchen, die Sie an eine Metaplanwand pinnen. Damit können sie die Anordnung jederzeit ändern und ihre Ergebnisse für das weitere Vorgehen nutzen. Tafel oder Flipchart gehen zur Not natürlich auch.

Beispiel:

Im Seminarkurs mit dem Rahmenthema Phänomen Rauchen haben vier Schülerteams mit je drei Gruppenmitgliedern ein Brainstorming durchgeführt. Das Ergebnis ihrer Arbeit sah wie folgt aus:

1 Sucht
2 Zigarette
3 Tabakkonsum
4 Jugendliche
5 Werbung
6 Lungenkrebs
7 Philip Morris
8 Nikotin
9 Teer
10 Tabakanbau
11 Rauchen in der Schwangerschaft
12 Psyche
13 Gesundheitsrisiken
14 Arbeitsplätze
15 Kehlkopfkrebs
16 Krankenkasse
17 Kosten für die Gesellschaft
18 Akupunktur
19 Friedenspfeife
20 Droge
21 Ersatzwährung
22 Spätfolgen
23 Leichtzigaretten
24 Tabaksteuer
25 Passivrauchen
26 Aufhören (zu rauchen)
27 Schadenersatzklagen
28 Anti-Raucher-Kampagnen

Die Schüler haben 28 Stichwörter zum Thema Rauchen gefunden. Damit haben sie die Bandbreite des Themas schon recht ordentlich abgedeckt.

Entscheidend ist in dieser Phase, dass Sie Ihren Gedanken freien Lauf lassen und einfach alles sammeln, was Ihnen zum Thema einfällt.

Neben dem Brainstorming gibt es noch eine Reihe weiterer Kreativitätstechniken. Eine effiziente Methode, um gerade am Anfang einer Arbeit möglichst viele gute Einfälle zu erhalten, ist die Methode 635.

Methode **635** (steht für 6 Teilnehmer, 3 Vorschläge, 5 Minuten)

Bei der Methode 635 werden die Einfälle einer Gruppe von idealerweise sechs Teilnehmern (Anzahl darf auch kleiner sein) gesammelt. Jeder Teilnehmer benötigt einen Stift und ein Blatt. Auf jedem Blatt steht eine Frage. Diese Frage kann sehr allgemein gestellt sein (empfiehlt sich am Anfang der Arbeit, wenn Sie noch auf Ideensammlung aus sind) oder auch sehr viel spezieller (wenn Sie bereits ein interessantes Themengebiet gefunden haben):

Beispiel

Allgemeine Fragestellung:
Was fällt Ihnen zu dem Begriff Zigarette ein?
In welcher Weise nimmt das Rauchen Einfluss auf das Leben der Menschen?

Spezielle Fragestellung:
Inwiefern stellt das Rauchen ein Gesundheitsrisiko dar?
Welche Strategien entwickeln Tabakkonzerne, um ihre Produkte zu verkaufen?

Wie wird die Methode durchgeführt?

Jeder Teilnehmer erhält ein Blatt mit der Frage und fünf Minuten Zeit. In dieser Zeit soll (muss!) er drei Ideen zu der Frage schriftlich festhalten. Dann gibt jeder Teilnehmer sein Blatt an seinen linken Nachbarn weiter. So erhält jeder Teilnehmer die Ideen seines Vorgängers, lässt sich idealerweise davon anregen und bringt wieder in fünf Minuten drei weitere Vorschläge zu Papier. Die Sitzung ist beendet, wenn jeder Teilnehmer jedes Blatt bearbeitet hat. So erhalten Sie in einer knappen halben Stunde 6 x 3 x 6 = 108 Ideen zu Ihrem Rahmenthema.

Die Methode 635 setzt die Teilnehmer durch die Zeitbegrenzung unter einen kreativitätsfördernden Stress, hat dadurch viel Tempo und macht ebenfalls viel Spaß. Einfach ausprobieren!

Wie kann ich nun diese Vielzahl von Stichpunkten eines komplexen Themas in ein vernünftiges Konzept bringen?

Methode **Clustering**

Clustern heißt ordnen und erste Strukturen festlegen.

Dies erreichen Sie durch das Festlegen von Oberbegriffen. Suchen Sie dabei nach Gemeinsamkeiten Ihrer Stichpunkte. Unter welchem Oberbegriff lässt sich eine Vielzahl von Stichpunkten einordnen?

Am Beispiel unserer gefundenen Stichpunkte zum Thema Rauchen lassen sich folgende Oberbegriffe finden:

Beispiel

- Gesundheit und Rauchen
- Tabakindustrie
- Staat und Rauchen
- Gesellschaft und Rauchen
- Geschichte des Rauchens

Nach diesen Kriterien sortieren Sie ihre Stichpunkte in das Ordnungssystem ein.

Beispiel

Oberbegriff: Gesundheit und Rauchen

Unterbegriffe: Sucht
Lungenkrebs
Nikotin
Teer
Rauchen in der Schwangerschaft
Gesundheitsrisiken
Kehlkopfkrebs
Spätfolgen
Passivrauchen
Aufhören

Oberbegriff: Tabakindustrie

Unterbegriffe: Werbung
Philip Morris
Tabakanbau
Arbeitsplätze
Leichtzigaretten
Schadenersatzklagen

Ihre Arbeit erhält auf diese Weise erste Strukturen!

Methode Mind-Mapping

Mind-Mapping ist eine Arbeitsmethode, um weitere Ordnung in Ihre Ideen und Gedanken zu bringen. Das Mind-Map ist eine übersichtliche Karte, in deren Zentrum das Hauptthema steht. Von diesem Zentrum aus entstehen Verzweigungen zu Unterpunkten des Hauptthemas, die sich selbst wiederum verzweigen können. Sie können so die wesentlichen Punkte herausarbeiten, neue Verbindungen herstellen und Nebenaspekte untersuchen. Die Struktur von Mind-Maps ist offen, sie können also jederzeit um weitere Punkte ergänzt werden.

Wie werden Mind-Maps erstellt?

Am Beispiel unserer Stichwortsammlung zum Thema Rauchen wollen wir gemeinsam unser erstes Mind-Map erstellen.

Benutzen Sie dazu ein DIN A4 Blatt im Querformat.

Beginnen Sie in der Mitte des Blattes. Dort steht (in Kurzform) das Rahmenthema des Seminarkurses. In unserem Beispiel also Rauchen.

Oft wird auch ein Symbol, Bild oder eine eigene Zeichnung dafür verwendet.

Zum Beispiel:

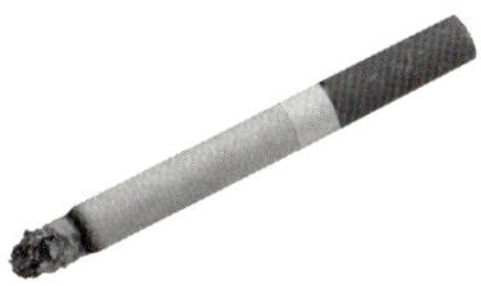

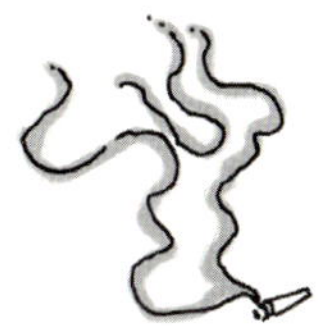

Ausgehend von diesem zentralen Begriff oder Bild lassen Sie mehrere Linien abzweigen. Auf jede Linie schreiben Sie einen zentralen Aspekt des Themas. Zentrale Aspekte lassen sich aus den Ergebnissen des Clustering ableiten.

Auf jede Verzweigung schreiben Sie einen Aspekt in Form eines Schlagwortes.

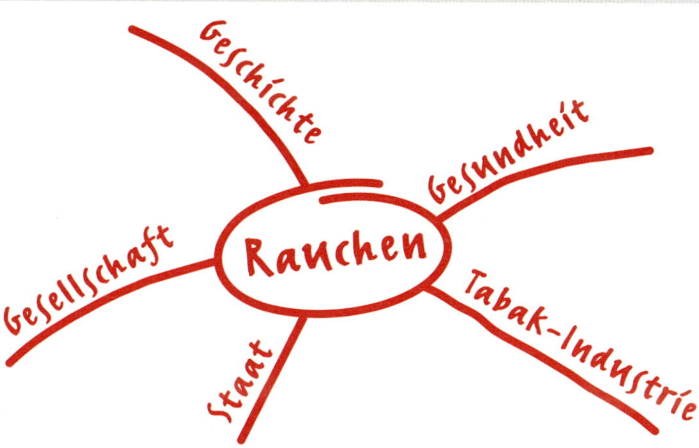

Jeder dieser Einzelaspekte kann jetzt nach dem gleichen Verfahren weiter verfeinert werden. Wir benutzen dazu unsere zuvor gebildeten Cluster.

Beispiel:

So lassen sich dem Unterthema Tabakindustrie beispielsweise die folgenden Stichpunkte zuordnen:

- Werbung
- Philip Morris
- Tabakanbau
- Arbeitsplätze
- Leichtzigaretten
- Schadenersatzklagen

Sie können jetzt diese Punkte direkt in das Mind-Map übernehmen oder weiter zusammenfassen.

Beispiel:

So lassen sich beispielsweise Philip Morris und Leichtzigaretten zu einem Unterpunkt Zigarettenmarken zusammenfassen.

Nach diesem Verfahren arbeiten Sie die restlichen Unterpunkte ab.

Beispiel:

Das Ergebnis könnte so aussehen:

Sie erhalten eine bildhafte Darstellung Ihres Rahmenthemas. Dieses Bild unterstützt Sie bei Ihrem weiteren Vorgehen.

Durch das Reduzieren auf das Wesentliche gewinnen Sie schnell einen Überblick über Teilbereiche ihres Themas. Durch die Verästelung kann die relative Bedeutung einzelner Stichpunkte gut eingeschätzt werden. Sie legen damit erste Strukturen und Hierarchien fest. Durch den Aufbau des Mind-Maps erkennen Sie sehr schnell, welche Gedanken gut und ausführlich und welche bisher wenig entwickelt sind. Das Mind-Map kann jederzeit um neue Erkenntnisse erweitert werden und auf diese Weise mitwachsen.

Sie haben jetzt eine Anleitung erhalten, wie man Mind-Maps erstellt. Jeder Anwender dieser Technik hat genügend Freiräume hinsichtlich Strukturen, Bildern, Farben und Symbolen um sein eigenes, individuelles Mind-Map zu erstellen. Entsprechend kann jedes Mind-Map anders aussehen. Vielleicht ist das der Grund, warum das Erstellen von Mind-Maps einfach auch Spaß macht. Probieren Sie es aus!

Tipp!

Mind-Maps eignen sich auch gut zur Vorbereitung auf Klassenarbeiten, um die Stofffülle in den Griff zu bekommen.

Übung

Erstellen Sie ein Mind-Map zu einem (oder mehreren) der folgenden Themen:

- Die Macht der Medien
- Sport und Kommerz
- Ernährungskrise – Was darf ich noch essen?
- Globalisierung – Welt ohne Grenzen?

2.2 Wie komme ich an Basisinformationen?

Sie haben jetzt zwar einen recht guten Überblick, worum es sich bei dem Rahmenthema des Seminarkurses handelt, konkrete Inhalte zu den einzelnen Aspekten kennen Sie aber noch nicht. Wie kommen Sie also an Informationen, um die einzelnen Teilbereiche mit Leben zu füllen?

Bevor Sie sich auf einen Teilaspekt des Rahmenthemas konzentrieren, ist es unerlässlich, dass Sie über bestimmte Basis-Informationen verfügen. Diese Grundinformationen erhalten Sie in der Regel über einen oder mehrere Grundlagenvorträge. Je nach Ablauf des Seminarkurses werden diese Vorträge von den begleitenden Lehrern, von einzelnen Schülern oder Schülerteams gehalten.

Beispiel:

Rahmenthema Organspende

Grundlagenvorträge über

- Antikörper
- Antigen
- Gehirntod
- usw.

Rahmenthema Rauchen

Grundlagenvorträge über

- Tabakanbau
- Zigarettenindustrie
- Passivrauchen
- usw.

Weitere Informationen können Sie aus Lexika, Fachbüchern, Fachzeitschriften, Tageszeitungen und natürlich dem Internet gewinnen.

Die dort vermittelten Basis-Informationen sollen Ihnen bei folgenden Fragen helfen:

- welcher Aspekt kommt meinen persönlichen Interessen und Neigungen entgegen?
- wo finde ich interessante Fragestellungen?
- welche aktuellen Bezüge bietet das Thema?

2.3 Wo kann ich das Seminarkursthema live erleben?

Exkursionen vorbereiten, durchführen, auswerten

Wenn Sie sich einen ersten Überblick über das Rahmenthema verschafft haben (s. 2.2) und Sie damit auf dem richtigen Weg zum Experten für Ihr Thema sind, ist es an der Zeit über den Tellerrand der Schule hinauszuschauen. Sie suchen nach Veranstaltungen, in denen Sie Ihr Thema live erleben können.

Hier bieten sich an:

- Vorträge, z.B. innerhalb des so genannten Studium generale* an Universitäten
- Firmenbesuche
- Gespräche mit Fachleuten
- Diskussionsrunden
- Museumsbesuche

Der Phantasie der Kursteilnehmer und Lehrer sind hier (fast) keine Grenzen gesetzt.

Beispiele:

1. Zum Unterthema Ess-Störungen des Seminarkurses Ernährungskrise stattete der Kurs dem Zentralinstitut für Seelische Gesundheit (ZI) in Mannheim einen Besuch ab.
2. Der Seminarkurs Organspende besuchte das Transplantationszentrum des Universitätsklinikums Heidelberg, besichtigte die Labore und diskutierte nach Vorträgen zu den Themen Hirntod und Knochenmark-TPL und einem Vorlesungsbesuch über Organtransplantation mit dem TPL-Koordinator.

Informationsquellen für lohnende Veranstaltungen sind alle aktuellen Medien wie:

- Regionale (und auch überregionale) Zeitungen
- Veranstaltungszeitschriften
- Internet
- Regionale TV- und Radiosendungen

Tipps!

Ideen, Planung und Durchführung von Exkursionen können in den Händen der Schüler und/oder Lehrer liegen.

Während der Exkursion protokolliert eine Schülergruppe mit. Das Protokoll erhalten alle Kursteilnehmer.

In der nächsten Kursveranstaltung findet eine Nachbesprechung der Exkursion mit Hilfe des Protokolls statt.

Häufig finden die Teilnehmer der Seminarkurse ihre persönlichen Arbeitsgebiete während der Exkursionen, oft inklusive der Experten, die sie in der Phase der Erarbeitung ihrer Dokumentationen unterstützen.

Eine weitere Quelle zur Vertiefung der Basisinformationen können TV-Sendungen wie Dokumentationen, Reportagen, usw. sein. Eine TV-Sendung kann aber die Intensität persönlicher Kontakte nicht ersetzen.

* Das Studium generale bezeichnet Vorlesungen allgemein bildender Art an einer Hochschule.

2.4 Dieser Aspekt des Rahmenthemas interessiert mich!

Damit sind Sie einen großen Schritt auf dem Weg zu Ihrem Thema vorangekommen. Jetzt sollten Sie den für Sie interessanten Aspekt (= Ihr Spezialthema) problematisieren.

Was heißt das?

Sie formulieren Ihr Spezialthema als aktuelle, für Sie persönlich interessante Frage oder als zu lösendes Problem. Diese Frage versuchen Sie in Ihrer Arbeit zu beantworten bzw. der Antwort einen Schritt näher zu kommen. Oder: Das für Sie interessante und spannende Problem versuchen Sie in Ihrer Arbeit zu lösen bzw. der Lösung einen Schritt näher zu kommen.

Damit demonstrieren Sie zusätzlich neben Ihrem Fachwissen auch Ihr aktuelles Problembewusstsein zu Ihrem Spezialthema.

Beispiele für problematisierte Arbeitsthemen:

1. BSE als Chance – verändert die Krise unser Verhalten?
   statt: Die BSE-Krise
2. Wir bekommen ein Baby!? – Wunderwelt der Fortpflanzungsmedizin
   statt: Die Geschichte der Fortpflanzungsmedizin
3. Lebenswertes Leben danach? – Organempfänger nach ihrer zweiten Geburt
   statt: Das Leben nach einer Organtransplantation

Die Erarbeitung einer Problemlösung oder die Beantwortung einer Frage macht es für Sie viel einfacher

- einen roten Faden in Ihr Thema zu bekommen,
- Unwichtiges zu erkennen und wegzulassen,
- der Arbeit einen Schluss zu geben, nämlich Ihre Antwort/Problemlösung, und zudem
- ist eine Präsentation zum Thema „Wir bekommen ein Baby!?“ für Zuhörer und Referenten viel spannender und für das Leben bedeutsamer als „Die Geschichte der Fortpflanzungsmedizin bis heute“.

2.5 Habe ich jetzt mein Arbeitsthema gefunden?

Sie haben eine interessante und spannende Problemstellung innerhalb des Rahmenthemas gefunden? Herzlichen Glückwunsch!

Jetzt sollten Sie Ihr Problem/Ihre Frage auf Herz und Nieren prüfen, damit Sie sicher sein können, dass es sich als Thema für Ihre Dokumentation und Präsentation eignet:

1. Thema strukturieren
Zuerst bietet es sich an, Ihrem Arbeitsthema eine **erste Grobgliederung** zu geben, die sich nach der Problematisierung Ihres Themas fast von selbst ergibt.

Am Anfang Ihrer Arbeit machen Sie die Leser Ihrer Arbeit mit Ihrem Problem vertraut. Dann erarbeiten Sie die Fachkenntnisse, die für Ihr Problem und dessen Lösung nötig und hilfreich sind. Und am Schluss stellen Sie Ihre Lösung des Problems vor:

> ⇨ **erste Grobgliederung**
>
> A. Problem
> B. Fachwissen zum Problem
> C. Lösung des Problems

2. Thema hinterfragen
Jetzt suchen Sie das Gespräch mit einem oder mehreren Experten und diskutieren Ihre Ideen. Vergessen Sie nicht, die Experten nach weiteren Informationsquellen zu fragen. Erstellen Sie ein Protokoll dieser Gespräche, damit Ihnen wichtige Tipps und Gedanken erhalten bleiben. Experten finden Sie innerhalb und außerhalb Ihrer Schule. Viele Fachleute freuen sich, wenn Schüler sich für ihre Arbeit interessieren und helfen Ihnen gerne weiter. Nur Mut! Greifen Sie, z.B. nach einer ersten Anfrage per E-Mail, zum Telefon und versuchen Sie Ihr Glück!

Genauso wichtig wie das Expertengespräch ist mindestens ein ausführliches Gespräch mit Nicht-Experten: Freunde, Bekannte, Eltern, u.a.
Voraussetzung: Die Person ist bereit, sich Zeit für Sie zu nehmen.
Stellen Sie Ihren Nicht-Fachleuten Ihr Thema vor, wecken Sie Interesse an Ihrer Arbeit und nehmen Sie Vorschläge und Kritik auf. Auch diese Gespräche sollten Sie protokollieren.

3. Thema absichern
Stellen Sie eigene Recherchen über weitere, vertiefende Informationsquellen zu Ihrem Problem an. Sie müssen sich jetzt absichern, dass Sie in den nächsten Wochen genügend Informationen finden werden, um Ihr Thema umfassend behandeln zu können. Haben Sie in der Ihnen zur Verfügung stehenden Zeit Zugang zu den benötigten Informationen? Stoßen Sie hier auf Schwierigkeiten, sollten Sie Ihr Arbeitsthema evtl. ändern.

4. Thema konkretisieren
Vielleicht ist es nach den Gesprächen mit Experten und Nichtfachleuten und Ihren eigenen, weiteren Recherchen nötig, Ihr Arbeitsthema neu einzugrenzen:
Möglicherweise wollen Sie neue Aspekte in Ihr Thema aufnehmen oder Teilbereiche ausschließen, um Ihrem Problem noch genauer auf den Grund gehen zu können oder um den roten Faden in Ihrer Arbeit nicht zu verlieren.

Machen Sie sich jetzt die Mühe gegebenenfalls Ihr Thema nochmals zu überarbeiten und evtl. neu zu strukturieren, damit es für die Leser Ihrer Dokumentation (und die Zuhörer bei Ihrer Präsentation) noch besser verständlich wird.

6. Thema im Team bearbeiten
Spätestens jetzt sollten Sie sich einen Teampartner für Ihre Arbeit suchen:
Bei gemeinsamem Interesse an einem Thema/Problem können Sie Ideen diskutieren, vertiefen und strukturieren (s.o. Brainstorming und Mind Map). Außerdem können Sie Ihre Aufgaben untereinander aufteilen und so den Gesamtaufwand für jeden Teampartner deutlich reduzieren.

Das Arbeiten im Team bietet viele, lohnende und spannende Lernerfahrungen, die Sie z.T. sicher aus Gruppenarbeiten oder Projekten kennen und die Sie vor allem später in Ausbildung und Studium nutzen können. Dort ist Teamarbeit inzwischen unerlässlich.

3 Informationsquellen

3.1 Wie beschaffe ich mir Informationen?

Wenn Sie ein Arbeitsthema gefunden haben, brauchen Sie Informationen aller Art, die für Ihr Thema wichtig sind. Nach einem **ersten Überblick** über Ihr Thema suchen Sie **vertiefende Informationen** und treffen danach eine **Vorauswahl** unter Ihren gefundenen Quellen.

Wie verschaffe ich mir einen Überblick?

Zunächst hilft es meistens einen oder mehrere **Lexikonartikel** zu Ihrem Thema zu lesen und auszuwerten. Hier finden Sie in der Regel auch Hinweise auf besonders interessante Teilgebiete. Außerdem werden die wichtigsten Fachbegriffe definiert und erklärt. Darauf können Sie immer wieder zurückgreifen. Meist wird am Ende eines Lexikonartikels auf weiterführende Informationsquellen verwiesen.

Tipp!

WIKIPEDIA, eine freie Enzyklopädie im Internet bietet für viele Themen gute, aktuelle und kostenlose Einstiegsinformationen.

http://de.wikipedia.org/wiki/Hauptseite

Wie finde ich vertiefende Informationen?

Nach den Lexikonartikeln werten Sie vielleicht ein **Fachbuch** zu Ihrem Thema aus. Ein Fachbuch? Wie kommen Sie an Fachbücher? Sie besuchen Ihre Schul-, Stadt- oder Universitätsbibliothek und arbeiten sich durch das Schlagwortverzeichnis. Das funktioniert im Prinzip wie bei Google oder anderen Internetsuchmaschinen. Hier finden Sie sicher Titel, die für Sie interessant werden könnten. Wahrscheinlich wollen Sie nicht das ganze Buch lesen, um an die für Sie lohnenden Informationen zu kommen. Mit den folgenden Schritten überschauen Sie die meisten Fachbücher schnell und finden die für Sie wichtigen Seiten:

- Lesen Sie die Einleitung (nicht das Vorwort). Hier werden Sie die wichtigsten Informationen über Ziele, Inhalte, Methoden und Abgrenzungen des Buchthemas finden. (Genauso wie später in der Einleitung Ihrer Seminarkursdokumentation)
- Anhand des Inhaltsverzeichnisses erkennen Sie die Hauptthemen und damit oft den Argumentationsgang des Buches.
- Wenn ein Sachregister oder Schlagwortverzeichnis vorhanden ist, können Sie auch hier nach relevanten Begriffen suchen.
- Manchmal finden Sie auch ein Personenregister, das Ihnen weiterhilft.

Wenn Sie auf diesem Weg nichts finden, was für Ihr Thema von Bedeutung ist, können Sie das Fachbuch beruhigt wieder weglegen und sich anderen Quellen widmen.

Wie treffe ich eine Vorauswahl?

Sie haben jede Menge Informationen gesammelt und wollen eine Vorauswahl treffen. Die Materialien, die für Ihr Thema hilfreich sein könnten, sollten Sie zuerst überfliegen: D.h. Überschriften, Einleitung und Schluss lesen (s.o.)

Entscheiden Sie, ob diese Informationsquelle lohnend für eine intensivere Bearbeitung ist oder nicht.

⇨ Wenn Sie es nicht ist, dann streichen Sie diese aus Ihrer Liste.

⇨ Wenn Sie nicht sicher sind, dann versehen Sie die Quelle mit Schlagworten zum Inhalt (z.B. mit Haftzetteln), und behalten die Quelle in Ihrer Ablage.

⇨ Wenn die Quelle wichtige Informationen enthält, dann werten Sie sie aus.

3.2 Wie verarbeite ich Informationen?

Informationen finden Sie in Fachbüchern, Fachzeitschriften, Zeitungsartikeln, naturwissenschaftlichen Experimenten, Interviews, Statistiken, Schaubildern und vielen weiteren Formen. Nachfolgend erhalten Sie einige Hinweise zur Auswertung dieser Quellen.

Texte

- Schlüsselwörter finden und markieren
- Erklärungen der Schlüsselwörter farbig kennzeichnen
- Zusammenhänge der Schlüsselwörter anzeigen

- Text zusammenfassen, evtl. schon unter dem Aspekt des eigenen Arbeitsthemas. D.h. einen eigenen Text formulieren, Schlüsselwörter aufnehmen und deutlich kürzer fassen als die Textvorlage
- Stichworte zur Einordnung des Textes in den Gesamtzusammenhang der Arbeit formulieren (für späteres Gliedern Ihres Themas wichtig)

Zeitungsartikel

- Daten und Fakten anstreichen
- Schlüsselwörter finden und kennzeichnen
- Erklärungen der Schlüsselwörter hervorheben
- Evtl. Blickwinkel, Position des Verfassers markieren
- Text zusammenfassen, evtl. schon unter dem Aspekt des eigenen Arbeitsthemas. D.h. einen eigenen Text formulieren, Schlüsselwörter aufnehmen und deutlich kürzer fassen als die Textvorlage!
- Stichworte zur Einordnung des Textes in den Gesamtzusammenhang der Arbeit formulieren (für späteres Gliedern Ihres Themas wichtig)

Naturwissenschaftliche Experimente

- Wissenschaftliche Begriffe immer allgemein verständlich erklären
- Größeren Zusammenhang beschreiben, in dem der Versuch steht:
  - Allgemeiner Hintergrund, z.B. einzelner Versuch oder Versuchsreihe
  - Ziel des Versuchs
  - Hauptfrage des Versuchs (Hypothese)
  - Versuchsvoraussetzungen
- Versuchsanordnung und -ablauf beschreiben
- Versuchsergebnis(se) darstellen: evtl. Schaubilder, Statistiken nutzen
- Wichtige Aspekte in allgemein verständlichen Worten ausführen
- Versuchsergebnisse selbst in eigenen Worten im Gesamtzusammenhang der Arbeit interpretieren
- Stichworte zur Einordnung des Versuchs in den Gesamtzusammenhang Ihrer Arbeit formulieren (für späteres Gliedern Ihres Themas wichtig)

Interviews

Interviews, die Sie selbst geführt und mit dem Diktiergerät mitgeschnitten haben, können Sie Wort für Wort in einen schriftlichen Text übertragen, den Sie in den Anhang Ihrer Arbeit aufnehmen, wenn dieses Interview zentral wichtig für Ihre Arbeit ist. Sie können aber auch nur die Auszüge eines Interviews nutzen und schriftlich übertragen, die Ihrer Arbeit weiterhelfen. In Ihrer Arbeit können Sie Ihre Interviewpartner wörtlich oder sinngemäß zitieren.

TV-Interviews oder andere Interviews, die Sie für Ihre Arbeit nutzen wollen, behandeln Sie genauso.

Auch bei Interviews geben Sie Ihre Quelle an.

Statistiken, Schaubilder usw.

Statistiken, Tabellen, Schaubilder, Diagramme sind als Visualisierungen für viele Arbeiten unersetzlich. Allerdings sollten Sie Ihren Aussagegehalt auch nicht überbewerten. In dem geflügelten Wort „Traue keiner Statistik, es sei denn, du hast sie selbst gefälscht!" liegt durchaus ein Funken Wahrheit, der sich auch auf bildliche Darstellungen übertragen lässt. Daten und Zahlen erwecken den Anschein von Objektivität. Ob die vorgefundenen Daten die Wirklichkeit objektiv abbilden oder ob sie diese verzerren, müssen Sie selbst überprüfen.

Bevor Sie Statistiken und Schaubilder für Ihre Arbeit übernehmen, überlegen Sie, ob Sie die gesamte vorliegende Statistik, das gesamte Schaubild oder nur Teilaspekte daraus benötigen. Wenn Sie nur Teilaspekte benötigen, achten Sie darauf, die vorliegende Statistik oder das Schaubild durch Ihre Auswahl nicht zu verfälschen.

Ausführliche Informationen zur optimalen Darstellung von Schaubildern usw. finden Sie im Kapitel 5 Präsentation.

- Thema markieren oder formulieren
- Erfasste (und evtl. nicht erfasste) Aspekte des Themas markieren oder formulieren
- Formulieren Sie Themen/Inhalte der Zeilen und Spalten der Statistik
- Stellen Sie Besonderheiten wie Extremwerte, Mittelwerte, Entwicklungen in Stichworten dar
- Fassen Sie die wichtigsten Ergebnisse in eigenen Worten zusammen
- Gestalten Sie evtl. ein (vereinfachtes) Schaubild aus den wichtigsten Ergebnissen
- Interpretieren Sie selbst Ursachen, Folgerungen, etc.
- Formulieren Sie Stichworte zur Einordnung der Statistik, des Schaubildes in den Gesamtzusammenhang Ihrer Arbeit (für späteres Gliedern Ihres Themas wichtig)

Übung:

1. Suchen Sie Informationsquellen, wie sie oben beschrieben wurden: z.B. Fachtexte oder Zeitungsartikel zu einem bestimmten Thema!
2. Verarbeiten Sie jede Quelle wie oben beschrieben!
3. Stellen Sie Ihre Ergebnisse vor!
4. Vergleichen Sie die Ergebnisse untereinander!

3.3 Wie zitiere und verfasse ich ein Literaturverzeichnis?

Alles, was Sie aus fremden Quellen für Ihre Arbeit nutzen, muss genannt werden!

Egal ob Sie eine Quelle wörtlich zitieren oder ob Sie diese in Ihren eigenen Worten wiedergeben, sogar wenn Sie eine Quelle in Ihrer Arbeit widerlegen, müssen Sie jedes Hilfsmittel, jede benutzte Quelle angeben. Das gilt für alle Materialien, unabhängig davon, ob es Texte, Abbildungen, Diagramme, Tabellen oder andere Quellen sind. Natürlich gilt dies auch für Quellen aus dem Internet.

Mit Ihrer Quellenangabe ermöglichen Sie dem Leser, Ihren Argumentationsgang genau nachzuvollziehen. Und das bedeutet, dass der Leser Ihrer Dokumentation in die Lage versetzt wird Ihre Informationsquelle(n) zu finden.

Wörtliche Zitate:

Wörtliche Zitate werden exakt so übernommen, wie Sie sie vorfinden, selbst mit Schreibfehlern oder in veralteter Schreibweise und in Anführungszeichen gesetzt.

Wenn Sie bei wörtlichen Zitaten etwas weglassen, kennzeichnen Sie die Lücke im Zitat mit drei Punkten, die Sie in eckige Klammern setzen [...].

Kurzzitate mit bis zu einem Satz fügen Sie in Anführungszeichen in Ihren Text ein.

Ausführlichere Zitate werden zu einem eigenen Absatz zusammengefasst, leicht nach rechts eingerückt, einen Schriftgrad kleiner und mit einfachem Zeilenabstand geschrieben. Wenn das Zitat nicht zum Verständnis Ihres Textes notwendig ist, gehört es in eine Anmerkung ans Seitenende. Ein Zitat soll nicht zur Verlängerung des Textes, sondern zum besseren Verständnis Ihrer Arbeit beitragen!

Die Quelle jedes Zitats muss angegeben werden. Die Kurzangabe gehört entweder in Klammer direkt hinter das Zitat oder in eine Anmerkung an das Seitenende (Autor, Jahr, Seite). Die vollständige Literaturangabe (ausführlicher s.u. 4.3) des zitierten Textes nehmen Sie ins Literaturverzeichnis Ihrer Arbeit auf. Mit Hilfe der Kurzangabe kann der Leser die vollständige Literaturangabe finden.

Beispiel

Kurzzitat:

> „Wir sind nie grundlos wütend, aber selten aus einem guten Grund." (Coleman, 1997, S. 83)

Ausführliches Zitat:

> „Benjamin Franklin hat das schön formuliert: ‚Wir sind nie grundlos wütend, aber selten aus einem guten Grund. Natürlich gibt es verschiedene Arten von Ärger und Wut. Die plötzlich aufflammende Wut über den Fahrer [...] kann ihre Quelle durchaus im Mandelkern haben.'" (Coleman, 1997, S. 82f.)

Vollständige Literaturangabe:

Coleman, Daniel, Emotionale Intelligenz, übers. v. Friedrich Griese, München, Hanser, 1997, S. 82f.

Wenn Sie nicht wörtlich, sondern sinngemäß zitieren, vermerken Sie das in einer Fußnote am Ende des Abschnitts: Vgl. + Literaturangabe.

Übung:

Suchen Sie kurze und lange Zitate und binden sie diese – wie oben beschrieben – in einen selbst formulierten Text ein!

Literaturverzeichnis

Alle Quellen, die Sie in Ihrer Arbeit benutzt haben, führen Sie in alphabetischer Reihenfolge im Literaturverzeichnis auf. Aber nur diese Quellen gehören in Ihr Literaturverzeichnis und nicht alles, was Sie zum Thema Ihrer Arbeit jemals gelesen, gehört, gesehen haben.

Sie können, vor allem wenn Sie eine literarische Arbeit schreiben, zwischen Primär- und Sekundärquellen trennen und zwei getrennte Verzeichnisse anlegen. Primärquellen sind Originalquellen, die Sie bearbeitet haben (z.B. J. W. von Goethe, Faust). In Sekundärquellen finden Sie Aussagen Dritter über die Primärquelle (z.B. Hermes, E., Lektürehilfen J. W. von Goethe: Faust I/II).

Eine Quellenangabe im Literaturverzeichnis muss folgende Angaben enthalten:

- Den Namen des Autors bzw. der Autoren
- Den vollständigen Titel und Untertitel
- Den Titel der Reihe, in der das Werk erschienen ist (wenn vorhanden)
- Den Herausgeber (wenn vorhanden)
- Den Verlag
- Den Erscheinungsort
- Die Auflage (ab der zweiten)
- Das Erscheinungsjahr
- Bei Aufsätzen die Seitenangabe für den gesamten Aufsatz sowie die zitierte Seite
- Bei Aufsätzen den Titel des Gesamtwerks oder der Zeitschrift mit Jahr und Bandnummer
- Bei Internetquellen verwenden Sie die gleiche Zitierweise und ergänzen Sie durch „im Internet: http://www. ..." [Stand: „Datum des Abrufs der Seite"].

Beispiele für Literaturangaben:

- Ein/zwei Autor/en (ggfs. noch der Übersetzer):
  Coleman, Daniel: Emotionale Intelligenz, übersetzt von Friedrich Griese, Hanser, München, 1997.
- Mehr als drei Autoren:
  Späte, Dietrich u.a.: Aufbautraining für Jugendliche, Handball Handbuch 3, hrsg. v. Deutschen Handball Bund, Philippka Verlag, Münster, 1992.
- Sammlung einzelner Werke mit Herausgeber:
  Küng, Hans/Kuschel, Karl-Josef (Hg.): Wissenschaft und Weltethos, Piper Verlag, München, 1998.
- Aufsatz in einer Sammlung:
  Weizsäcker, Ernst Ulrich von: Ökologisches Weltethos. In: Küng, Hans/Kuschel, Karl-Josef: Wissenschaft und Weltethos, Piper, München, 1998, S. 337–356.

- Aufsatz in einer (Fach-)Zeitschrift:
  Brand, Heiner: Aktive 6:0-Abwehr. Mit den Rückraumspielern spielen. In: Handballtraining, 2004 (26. Jg.), Heft 9 + 10, S. 4–12.
- Internetquelle:
  Meyer, Gerd: Was heißt mit Zivilcourage handeln? In: Zivilcourage lernen, hrsg. v. Bundeszentrale für politische Bildung, 2004, S. 22–41. Im Internet: http://www.bpb.de/files/CA89I0.pdf. (14.10.2004)

Tipp!

Sammeln Sie alle benutzten Quellen sofort in einer eigenen Datei (oder auf Karteikarten) und sortieren Sie diese alphabetisch. Damit ist Ihr Literaturverzeichnis schnell fertig.

Übung:

Suchen Sie verschiedene Informationsquellen zu einem Thema und verfassen Sie ein Literaturverzeichnis!

3.4 Wie ordne und gliedere ich?

Informationen Stichwörtern zuordnen

Schon während Sie Ihre einzelnen Informationsquellen bearbeiten, sollten Sie ihnen Stichwörter zuordnen und diese in Ihr Gesamtthema einordnen. So können Sie eine ungeordnete Masse von Detailinformationen vermeiden.

Aufbau einer Gliederung, den roten Faden spinnen

Nach und nach entsteht so eine Stichwortsammlung zu Ihrem Thema, die Sie z.B. mit Hilfe eines Mind Map ordnen können.

Im nächsten Schritt zu einer Gliederung bringen Sie Ihre vorsortierten Stichworte in eine sinnvolle, aufeinander aufbauende Reihenfolge. Im Mind-Map haben Sie Äste und Zweige (= Über- und Unterpunkte) zu Ihrem Thema gefunden. Wenn Sie die Äste als Hauptgliederungspunkte aneinander reihen, sollte ein roter Faden für Ihre Arbeit entstehen. Hier stellen Sie möglicherweise fest, dass der eine oder andere Punkt sich nicht einordnen lässt. Wahrscheinlich gehört er dann nicht zentral in Ihr Thema. Also lassen Sie ihn vorerst weg. Werfen Sie die hierzu gehörenden Informationen aber nicht weg. Vielleicht können Sie diese später doch noch brauchen. Die Hauptäste mit ihren Verzweigungen bilden in Ihrer Gliederung ein Kapitel mit seinen Unterkapiteln oder Abschnitten.

Am Schluss dieses Arbeitsschrittes steht eine erste detaillierte Gliederung Ihrer Arbeit. Versehen Sie Ihre Gliederung mit einer übersichtlichen, durchgehenden Nummerierung.

z.B. mit der Dezimalzählung	*oder einer gemischten Zählung*
1.	A.
1.1	A.1
1.2	A.1.a
1.3	A.1.b
2.	A.1.c
2.1.	A.2
2.1.1	A.2.a
usw.	usw.

4 Die Dokumentation

Das Kultusministerium gibt für die Dokumentation im Seminarkurs folgende Vorgaben:

„Im Rahmen des Seminarkurses fertigen die Schüler einzeln oder in Gruppen bis zum Ende des zweiten Halbjahres über ihre Beiträge zum Seminarkurs, über ihr methodisches Vorgehen und ihre Ergebnisse sowie über das Gesamtergebnis des Seminarkurses eine schriftliche Dokumentation an. Bei Gruppenarbeiten müssen die jeweils individuellen Schülerleistungen erkennbar sein."

(Quelle: Abiturverordnung berufliche Gymnasien, http://www.leu.bw.schule.de/bild/BGVO.pdf)

Beispiel

Beispiel-Vorgaben für die Dokumentation

- Die Dokumentation wird in (Zweier-)Teams verfasst.
- Die individuellen Schülerleistungen müssen gekennzeichnet sein.
- Pro Schüler umfasst die Dokumentation 10–12 Textseiten.

- Die Schüler sprechen ihr Thema rechtzeitig im ersten Halbjahr des Kurses (bis etwa acht Wochen vor Halbjahresende) mit dem Lehrerteam ab.
- Die Schüler präsentieren das Exposee ihrer Dokumentation vor Ende des ersten Halbjahres im Seminarkurs.
- Im ersten Halbjahr wird der Abgabetermin für die Dokumentation bekannt gegeben: Bearbeitungszeit ca. 4–5 Monate.

Folgende Formvorgaben sind einzuhalten:

Schriftgrad 12, 1,5-facher Zeilenabstand, Seitenränder links 2 und rechts 3 cm, oben und unten jeweils 2 cm.

Aus der Gliederung wächst in den nächsten Wochen nach und nach Ihre Dokumentation.

Zunächst geben Sie Ihrer Arbeit, falls noch nicht geschehen, einen passenden Titel (4.1). Danach verfassen Sie Ihr Exposee (4.2), schreiben Ihren Text (4.3), den Sie anschließend übersichtlich formatieren (4.4). Am Schluss überprüfen Sie, ob alles Ihren Vorstellungen entspricht (4.5).

4.1 Wie finde ich einen Titel für meine Dokumentation?

Wie lautet die Fragestellung, die Sie bearbeiten beantworten wollen? Was ist der Kern Ihrer Arbeit? Genau das sollte der Titel ausdrücken. Dabei soll er kurz und schnell zu erfassen sein. Sie können auch mit Titel und Untertitel arbeiten: z.B.: Lebenswertes Leben danach? – Organempfänger vor und nach ihrer „zweiten Geburt"

Überlegen Sie außerdem, ob der Titel stilistisch zu Ihnen und Ihrer Arbeit passt.

Zum Beispiel: „Chatten ist geil!" oder „Moralische Dilemma-Diskussion am Beispiel des Abortus artificialis".

4.2 Wie entsteht aus meiner Gliederung ein Exposee?

Ihr Exposee soll Sie und alle anderen neugierig auf Ihre Arbeit machen! Hiermit „verkaufen" Sie den Mitschülern, Lehrern Ihr persönliches Arbeitsthema.

Im Exposee beschreiben Sie die Ziele, die Sie mit Ihrer Dokumentation erreichen wollen und erklären den Weg, auf dem Sie zu Ihren Zielen kommen wollen. Dies formulieren Sie in einem zusammenhängenden Text aus. Das hilft Ihnen festzustellen, ob in Ihrer Arbeit und der Gliederung noch konzeptionelle oder logische Schwächen, Lücken oder Gedankensprünge liegen und Sie sich realistische Ziele gesetzt haben.

Außerdem planen Sie im Exposee Ihre konkreten Arbeitsschritte. Sie beschreiben, was Sie bis wann erledigt haben wollen und wie Sie dabei vorgehen werden. Damit können Sie selbst überprüfen, ob Sie sich realistische Ziele gesteckt haben und ob Sie Ihre Dokumentation wirklich zum geplanten Termin fertig stellen können.

Mit einem guten Exposee vermeiden Sie beim Arbeiten in Sackgassen zu landen und unnötig Zeit zu verlieren.

Und die betreuenden Lehrer erkennen anhand des Exposees, auf welchen Weg Sie sich in Ihrer Arbeit begeben und können konkrete Hilfestellungen und Tipps für die weitere Arbeit geben.

Formulieren Sie Ihr Exposee so, dass andere (Lehrer, Mitschüler, Freunde, Eltern, ...) von der Bedeutung Ihrer Arbeit überzeugt werden. Sie wollen ihnen Ihr Arbeitsthema *verkaufen*.

In ein Exposee gehören:

- (vorläufige) Titel der Dokumentation
- Thema mit Problemzusammenhang und Abgrenzungen
- Ergebnisse der bisherigen Recherchen in Kurzform
- Hauptfrage(n) und Hypothese(n), denen der Autor auf den Grund gehen will (= Ziele)
- (vorläufige) Gliederung der Dokumentation
- geplanten Arbeitsschritte und verwendeten Methoden
- Zeitplan

4.3 Wie entsteht mein Text?

Zunächst legen Sie sich einen realen oder virtuellen Aktenordner mit den Teilen der geplanten Arbeit an: Titelblatt, Vorwort, Inhaltsverzeichnis, Einleitung, Hauptteil, usw.

Im nächsten Schritt verfassen Sie zu jedem Gliederungspunkt Ihrer Arbeit einen ersten Entwurf, den Sie so lange überarbeiten, bis Sie mit Ihrem Ergebnis zufrieden sind und die Schlussfassung formuliert haben.

Danach bringen Sie alles in die gewünschte Form und unterwerfen alles einer kritischen Überprüfung. Schon ist Ihre Dokumentation fertig.

Aus welchen Teilen besteht eine Dokumentation?

In der Regel beinhaltet eine Dokumentation die folgenden Teile. Je nach Themenwahl und Problemstellung kann Ihre Arbeit teilweise von diesem Standard abweichen.

Titelblatt
Hierhin gehören der Titel der Arbeit, Verfasser, der Titel des Seminarkurses, das Schuljahr, die betreuenden Lehrer und das Abgabedatum.

Alles sollte sachlich richtig sein und übersichtlich angeordnet.

Vorwort
Das Vorwort kann individuell gestaltet werden. Hierhin gehören Hinweise zum Entstehen der Arbeit, zur Themenfindung und zum persönlichen Interesse. Alles Außergewöhnliche auf dem Weg zur fertigen Arbeit kann hier erwähnt werden, genauso wie der Dank an alle, die Sie unterstützt haben.

Gliederung/Inhaltsverzeichnis
Im Inhaltsverzeichnis nennen Sie die einzelnen Kapitel und Unterkapitel Ihrer Arbeit mit den Seitenzahlen. Der „rote Faden" Ihrer Arbeit soll hier gut erkennbar sein.

Einleitung
Hier beginnt der inhaltliche Teil Ihrer Dokumentation und damit auch die Seitenzählung. Sie führen den Leser zu Ihrer Fragestellung hin und ordnen Ihr Thema in größere Zusammenhänge ein. Auf dem Weg ins sachliche Zentrum Ihrer Arbeit erklären Sie hier den Aufbau Ihrer Gliederung sowie Ihr methodisches Vorgehen.

Machen Sie den Leser neugierig auf Ihre Arbeit, aber versprechen Sie nichts, was Sie später nicht halten können.

Hauptteil
Jetzt führen Sie in verschiedenen Kapiteln und Unterkapiteln Ihren Weg durch das Arbeitsthema aus und verwenden hierbei eine angemessene Sprache. Sie klären zentrale Begriffe und bringen Ihre erarbeiteten Fachkenntnisse zum Thema vor. Sie stellen Ihr Problem dar bzw. Ihre Hypothese(n) zum Thema auf. Danach folgen Ihre eigenen Recherchen, Untersuchungen, Befragungen, Experimente um Ihre Hypothese(n) zu überprüfen. Und schließlich stellen Sie Ihre Ergebnisse bzw. Ihre Argumentation zur Problemlösung dar.

Die Hauptteile können sich, je nach Thema, stark voneinander unterscheiden. Eine naturwissenschaftliche Arbeit kann nicht wie eine sozialwissenschaftliche gestaltet werden. Achten Sie immer darauf, den roten Faden nicht zu verlieren und nur zentrale Inhalte in die Arbeit aufzunehmen. Der Aufbau des Hauptteils muss in sich schlüssig sein und darf keine nutzlosen Sackgassen enthalten.

Zusammenfassung
Der Schluss der Arbeit beinhaltet eine anschauliche Kurzfassung der wichtigsten Ergebnisse des Hauptteils und bringt diese auf den Punkt. Die Ergebnisse müssen folgerichtig aufgebaut und klar verständlich formuliert sein.

Der Leser sollte die Hauptzüge der Arbeit verstehen können, wenn er ausschließlich die Einleitung und die Zusammenfassung gelesen hat.

Literaturverzeichnis
Alle Quellen, die Sie in Ihrer Arbeit benutzt haben, führen Sie in alphabetischer Reihenfolge auf. Aber nur die und nicht mehr!

⇨ Ausführlicher siehe Kap. 3.3 Wie zitiere und verfasse ich ein Literaturverzeichnis?

Abbildungs-, Tabellen- und Abkürzungsverzeichnis
Überprüfen Sie, ob alle verwendeten Abbildungen und Tabellen zum Verständnis der Arbeit beitragen. Vielleicht können Sie auf die eine oder andere verzichten. Ebenso sollten Sie kontrollieren, ob alle Tabellen und Abbildungen im Text erläutert werden.

Danach nummerieren Sie alle Abbildungen von 1 bis x durch und listen sie in einem eigenen Verzeichnis auf einer eigenen Seite auf. Genauso verfahren Sie mit Ihren Tabellen. Falls Sie besondere Abkürzungen verwendet haben, legen Sie auch hierfür ein eigenes, alphabetisches Verzeichnis an.

Anhang

Der Anhang gehört nicht mehr zum offiziellen Teil der Arbeit, deren Umfang in der Regel begrenzt ist. Die Materialien des Anhangs dürfen zum Verständnis der Arbeit und Ihrer Ergebnisse nicht notwendig sein. Aber sie helfen dabei, im Hauptteil dargestellte Befragungsergebnisse genauer nachvollziehen zu können, wenn Sie in den Anhang die Fragebögen und Ihre Auswertungen stellen.

Je nach Anlage der Arbeit finden sich hier Resultate von Versuchsreihen, ergänzende Tabellen, Versuchs- oder Interviewprotokolle, Anschreiben an Experten zu Ihrem Thema, etc.

Wenn Ihr Anhang umfangreich ist, sollten Sie ihm ein Inhaltsverzeichnis mit eigener Zählung voranstellen.

Wie schreibe ich meinen Text?

Vom ersten Entwurf bis zur Schlussfassung

Erster Entwurf

Sie haben Ihr gesammeltes und nach den Stichworten Ihrer Gliederung geordnetes Material vor sich. Hieraus verfassen Sie in Ihren eigenen Worten und Zitaten erste Textteile. Diese Texte ergänzen Sie mit Ihren Kommentaren und verbinden die Textteile. Denken Sie daran Ihre Quellen kenntlich zu machen!

Trennen Sie deutlich Ihre eigene Argumentation zum Thema von diesen Fremdteilen Ihrer Arbeit, die meist die Sachinformationen zum Arbeitsthema enthalten. Der Leser muss klar erkennen, was von Ihnen stammt und was Sie aus anderen Quellen übernommen haben. Die Arbeit soll insgesamt Ihre Handschrift tragen. Ihre Argumentation und Ihr Aufbau sollen der Arbeit die Struktur geben. Die benutzten Quellen sind lediglich die Hilfsmittel auf dem Weg zu Ihren Zielen. Achten Sie darauf, dass diese nicht überhand nehmen und Ihre persönliche Handschrift dahinter zu verschwinden droht.

Überarbeiteter Entwurf

Lesen Sie Ihren ersten selbst formulierten Entwurf mehrfach durch und überprüfen ihn auf folgende Fragen:

- Ist Ihr Argumentationsgang, d.h. der rote Faden, durch die gesamte Arbeit für den Leser ohne Schwierigkeiten erkennbar?
- Sind wichtige Themen ausführlicher dargestellt als unwichtige?
- Sind die logischen Zusammenhänge, die Übergänge zwischen den Kapiteln sinnvoll und verständlich formuliert?
- Gibt es Lücken oder Sprünge im Aufbau der Argumentation?
- Haben Sie einzelne Teile zu ausführlich beschrieben oder langweilen den Leser durch Wiederholungen?
- Ist ein Kapitel für den Argumentationsgang entbehrlich oder stört es sogar den Aufbau?

Wenn Sie diese Fragen zu Ihrer Zufriedenheit beantworten können, erstellen Sie Ihre **Schlussfassung**:

Korrigieren Sie Rechtschreib- und Zeichenfehler in Ihrem Text. Die Rechtschreibhilfen der meisten Textverarbeitungsprogramme bieten Ihnen eine erste, aber längst nicht ausreichende Hilfestellung auf dem Weg zu einer fehlerfreien Arbeit.

Lassen Sie die Arbeit von jemand lesen, der bisher noch nichts mit dem Text zu tun hatte. Sie selbst sind inzwischen nach dem x-ten Lesen wahrscheinlich blind gegenüber Buchstabendrehern, holprigen oder falschen Formulierungen usw.

Falls Sie die Arbeit bislang noch nicht ausgedruckt haben, sollten Sie das jetzt tun. Die Nummerierung der Kapitel und die Übersichtlichkeit lassen sich in der Papierversion leichter überprüfen.

4.4 Welche Form soll meine Dokumentation bekommen?

Die äußere Form hinterlässt **den ersten Eindruck** Ihrer fertigen Arbeit.

Deswegen lohnt es sich hier viel Zeit, etwa 10–14 Tage einzuplanen und zu investieren. Leider sind viele Zeitpläne zu eng gestrickt oder der Beginn der Arbeit ist immer wieder nach hinten verschoben worden („Wir müssen doch erst in vier Wochen abgeben!"), dass hier oft nur noch mit Nachtschichten das Schlimmste verhindert werden kann. Und genau dann geht bestimmt noch der Drucker, der Rechner, das Netzwerk oder der Autor selbst in die Knie.

Kurzum, nehmen Sie sich Zeit für diesen Teil.

Eine übersichtliche und attraktive äußere Form der Arbeit ist Ihre Visitenkarte beim Leser.

Layout:
Das Layout der gesamten Arbeit muss einheitlich sein. Dies verbessert die Übersicht. Gestalten Sie Ihr Layout möglichst klar und einfach und gehen Sie sparsam mit Hervorhebungen durch Fett- oder Kursivdruck um:

- Halten Sie sich an die Formatvorgaben Ihrer Schule.

  Beispiel:

  Schriftgrad 12, 1,5facher Zeilenabstand, Seitenränder links 2 und rechts 3 cm, oben und unten jeweils 2 cm

- Verwenden Sie nicht mehr als zwei, gut lesbare Schrifttypen.
- Verwenden Sie für den Text nicht mehr als drei Farben oder Grau-Schwarz-Abstufungen.
- Nummerieren Sie Ihre Kapitel im Inhaltsverzeichnis und im laufenden Text durch.
- Nummerieren Sie Ihre Seiten in den Kopf- oder Fußzeilen.
- Verwenden Sie nur zum Verständnis hilfreiche Abbildungen und Tabellen.
- Verwenden Sie nur übersichtliche Abbildungen und Tabellen.

Kopfzeile:
In die Kopfzeile gehört das aktuelle Kapitel und die Seitenzahl.

Fußzeile:
Die Fußzeile muss erkennbar vom Fließtext getrennt sein, z.B. kleinerer Schrifttyp.

In die Fußzeile gehören die nummerierten Fußnoten der aktuellen Seite und falls die Seitenzahl (einheitlich in der ganzen Arbeit).

Anordnung der einzelnen Arbeitsteile:
Trennen Sie die Hauptteile der Arbeit deutlich voneinander ab. Beginnen Sie jeweils eine neue Seite. Lassen Sie Absätze zwischen den einzelnen Kapiteln. Das erhöht die Übersichtlichkeit für den Leser.

Einbau von Tabellen und Abbildungen
Jede Tabelle und Abbildung muss im Text erläutert werden. Die Tabellen und Abbildungen veranschaulichen den geschriebenen Text, aber sie ersetzen ihn nicht.

Tabellen und Abbildungen werden durchgehend nummeriert und im Text mit Nennung der Nummer erläutert.

Beispiel:

Wie in Abb. 1 zu erkennen ist, herrscht in Deutschland ein großer Mangel an Spenderorganen.

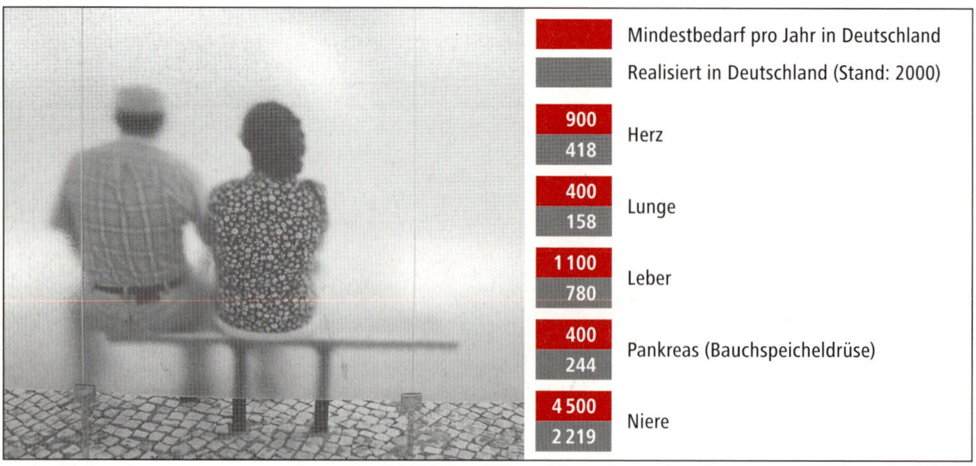

Verwenden Sie nur übersichtliche Tabellen und Abbildungen, die Wesentliches zum Verständnis der Arbeit beitragen. Zum Verständnis nicht notwendige Tabellen und Abbildungen gehören in den Anhang.

4.5 Letzte Kontrolle: Ist meine Dokumentation vollständig, ist alles am richtigen Platz, habe ich alle Formvorgaben erfüllt?

Wenn die Arbeit vollständig fertig gestellt ist, folgt noch eine wichtige, letzte Kontrolle:

- Habe ich nichts vergessen?
- Ist nichts Überflüssiges in der Arbeit?
- Sind die Seitenzahlen, Fußnoten, Tabellen, Abbildungen am richtigen Platz?
- Sind die Tabellen und Abbildungen gut lesbar?
- Ist das Literaturverzeichnis aktuell und vollständig?
- Ist der Anhang sortiert und vollständig?
- Habe ich genügend Exemplare meiner Dokumentation ausgedruckt bzw. kopiert? (Drei Dokumentationen sollten abgegeben werden plus ein eigenes Exemplar)
- Ist jedes Exemplar der Dokumentation vollständig?

Mit allem zufrieden? Herzlichen Glückwunsch! Sie haben eine große Leistung vollbracht, die Sie jetzt in Händen halten und jederzeit, z.B. bei Bewerbungen, vorlegen können.

Jetzt haben Sie eine Verschnaufpause verdient – bis zur Vorbereitung der Präsentation!

4.6 Bewertungskriterien der Dokumentation

Wie wird Ihre Leistung beim Verfassen der Dokumentation bewertet?

Letztlich entscheiden natürlich Ihre Seminarkurslehrer über die Kriterien, nach denen sie Ihre Arbeit bewerten.

Die Autoren dieses Buches bewerten die Dokumentationen nach folgenden drei Kriterien:

Aufbau und Inhalt	Äußere Form	Wissenschaftlichkeit

Aufbau und Inhalt

- Ist die Arbeit schlüssig gegliedert?
- Ist ein roter Faden vorhanden und wird er durchgehalten?
- Hält die Arbeit, was der Titel verspricht?
- Ist die vertiefte Beschäftigung mit dem Thema zu erkennen (Fachkompetenz)?
- Wird das Thema problematisiert?
- Werden realistische Lösungsansätze dargestellt?
- Wird eine persönliche Position zum Thema deutlich?
- Wird eine angemessene Sprache verwendet?
- Ist die Arbeit fließend zu lesen (Stil)?

Äußere Form

- Wie ist das Titelblatt gestaltet?
- Ist die gesamte Arbeit übersichtlich gestaltet (Gliederung, Seiten, Verzeichnisse, usw.)?
- Entspricht die Arbeit den formalen Vorgaben?
- Werden Tabellen, Grafiken, Abbildungen sinnvoll integriert?
- Entspricht die Rechtschreibung und Zeichensetzung den neuen Regeln?

Wissenschaftlichkeit

- Werden alle benutzten Quellen/Hilfsmittel angegeben?
- Sind alle benutzten Quellen mit Hilfe des Quellenverzeichnisses zu finden?
- Wird „richtig" zitiert?
- Entspricht der Umgang mit Fußnoten, Anmerkungen usw. den (eingeübten) Vorgaben?
- Werden wissenschaftliche Begriffe und Methoden fachgerecht benutzt?
- Werden wissenschaftliche Ergebnisse zum Arbeitsthema in der Arbeit richtig wiedergegeben?
- Werden Statistiken, Abbildungen, Grafiken usw. sinnvoll integriert?

5 Präsentation

Was ist eine Präsentation?

Bei einer Präsentation werden Zuschauern visualisierte Inhalte vorgetragen. Präsentieren bedeutet Informationen gegenwärtig machen, darbieten und vorzeigen, kurz verkaufen.

Was ist das Ziel?

Ein Höhepunkt des Seminarkurses ist die öffentliche Präsentation der fertigen Arbeiten. In einer entsprechenden Schulveranstaltung können Sie geeignete Teile aus Ihrer Dokumentation darbieten.

Auch wenn Sie zunächst vielleicht nicht darüber begeistert sind, Ihre Leistungen einem großen Publikum vorzutragen, erhalten Sie auf diese Weise eine wichtige und positive Bestätigung für Ihre im Seminarkurs erworbenen und trainierten Fähigkeiten.

Sie haben sich inzwischen intensiv mit Ihrem Thema auseinandergesetzt und sind so zu einem Experten geworden. Nun sollen Sie Ihre Kenntnisse einem Publikum darbieten. Sie müssen jetzt festlegen, was Sie Ihren Zuhörern vermitteln wollen, denn nicht alles, was Sie in

Ihrer Dokumentation erarbeitet haben, ist bei einer Präsentation für den Zuhörer wichtig und interessant.

Überlegen Sie sich deshalb zuerst

- Was ist das Ziel meines Vortrags?
- Will ich informieren oder überzeugen? (Oder beides?)
- Welche Aspekte des Themas sind interessant und wichtig?

Tipp!

Formulieren Sie Ihre Fragen und Antworten möglichst schriftlich (um so präziser wird Ihre Auswahl für die Präsentation).

Beispiele

Thema:
Jugendsünde Rauchen

Fragen	**Antworten**
Welches Ziel möchte ich erreichen?	über den Tabakkonsum Jugendlicher informieren und zum Nachdenken anregen
Worüber möchte ich konkret informieren?	– wie werden Jugendliche zum Rauchen verführt? – aktuelle Zahlen zum Tabakkonsum Jugendlicher – welche Auswirkungen hat der Tabakkonsum auf Jugendliche?

Thema:
Gesundheit und Rauchen

Fragen	Antworten
Welches Ziel möchte ich erreichen?	– die Gefahren des Rauchens deutlich machen und dadurch Menschen hindern zum Raucher zu werden
Worüber möchte ich konkret informieren?	– Inhaltsstoffe einer Zigarette – Gesundheitliche Folgen des Rauchens anhand von Beispielen
Wovon möchte ich überzeugen?	Rauchen ist gesundheitsschädlich

Wenn Sie für sich solche Fragetypen beantwortet haben, fällt es Ihnen leichter, Ihre Dokumentation zu einer interessanten Präsentation umzugestalten.

Was muss ich bei der Vorbereitung auf eine Präsentation beachten?

- Setzen Sie sich zuerst ein **Ziel**.
  → Was will ich den Zuhörern vermitteln?
- Erkundigen Sie sich nach dem **Publikum**.
  → Wer hört mir zu?
- Betrachten Sie sich den **Raum**, in dem die Präsentation stattfindet.
  → Wie kann ich den Raum gestalten?

- Machen Sie sich Gedanken über **Aufbau und Struktur** des Vortrags
  → Wie teile ich die Inhalte ein? (= Vortrag mit System)
- Überdenken Sie, welche Informationen Sie **visualisieren**.
  → Welche Inhalte stelle ich bildhaft dar?
- Planen Sie den optimalen Einsatz von **Medien**.
  → Wie setze ich die visualisierten Inhalte am besten ein?
- Bedenken Sie, **der Vortragende** ist das wichtigste Medium.
  → Wie trete ich persönlich auf?

Das A und O einer gelungenen Präsentation

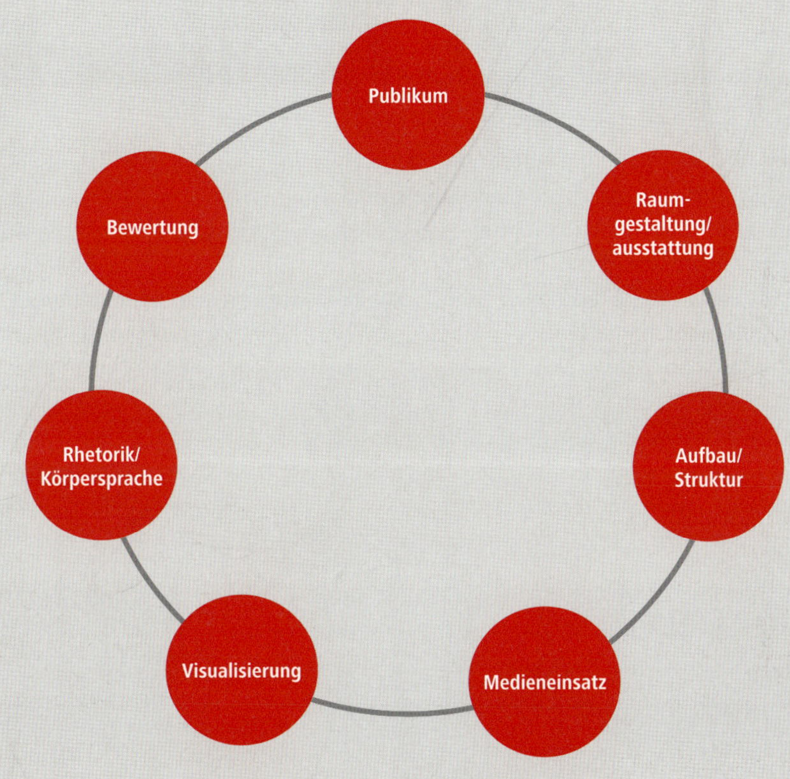

5.1 Wer ist mein Publikum?

Nachdem Sie geklärt haben, was Sie mit Ihrer Präsentation erreichen wollen, sollten Sie der Frage nachgehen, bei wem Sie diese Ziele erreichen wollen. Es geht also um die zentrale Frage: Wer ist Ihr Publikum?

Warum ist diese Frage überhaupt wichtig?

Je besser Ihre Kenntnisse über Ihr Publikum sind, desto

- einfacher können Sie es für sich einnehmen,
- gezielter können Sie Ihre Inhalte anbieten,
- optimaler können Sie sich auf Fragen vorbereiten.

In der Regel wird Ihr Publikum aus Mitschülern Ihrer Schule bestehen. Vereinzelt können interessierte Lehrer, Eltern oder weitere Personen hinzukommen. Bei der Analyse Ihrer Zuhörerschaft interessiert Sie vor allem:

- wie viele Zuhörer werden kommen?
  – wichtig für die Anzahl und Anordnung der Sitzplätze
- kommen Sie freiwillig oder ist die Teilnahme Pflicht?
  – muss ich für mein Thema erst Interesse wecken oder ist das bereits vorhanden?
- wie ist der Wissensstand zum Thema?
  – kann ich bestimmte Grundlagen zum Thema voraussetzen (z.B. weil sie bereits in Biologie behandelt wurden) oder muss ich erst die Grundlagen legen, damit meine Zuhörer nicht überfordert sind?
  – kann ich die Zuhörer in den Vortrag mit einbinden?
- welche Erwartungen bringen die Zuhörer mit?
  – welche Teilbereiche interessieren besonders? Sollen am Ende konkrete Ergebnisse stehen?

Übung

Füllen Sie vor Ihrem nächsten Referat oder Ihrer nächsten GFS eine Tabelle nach folgendem Muster aus:

Fragen	Antworten
Was ist das Ziel meines Vortrags?	
Was wissen die Mitschüler?	
Was würde mich interessieren?	
Was könnte mich begeistern?	

Ergänzen Sie die Tabelle mit eigenen Fragen!

5.2 Wo findet meine Präsentation statt?

Zu einer guten Vorbereitung gehört auch, dass Sie sich rechtzeitig um die Auswahl und Ausstattung des Raumes kümmern. Falls Ihnen – was die Regel sein wird – ein Raum vorgegeben wird, sollten Sie dennoch prüfen, ob Sie mit der vorhandenen Ausstattung zufrieden sind oder gegebenenfalls Veränderungen vornehmen möchten.

Ihr Ziel sollte es sein, den Raum so zu gestalten, dass Sie alle vorgesehenen Medien wirkungsvoll bedienen und einsetzen können. Beachten Sie dazu folgende Fragen:

- wie viele Personen passen in den Raum?
- wo stehe ich?
- sind genügend Anschlussmöglichkeiten für elektrische Geräte vorhanden?
- sind Verlängerungskabel erforderlich?
- muss der Raum abgedunkelt werden?
- wie ordne ich die Sitzplätze an?

Mögliche Anordnungen:

Kino

Sitzgruppen mit Tisch

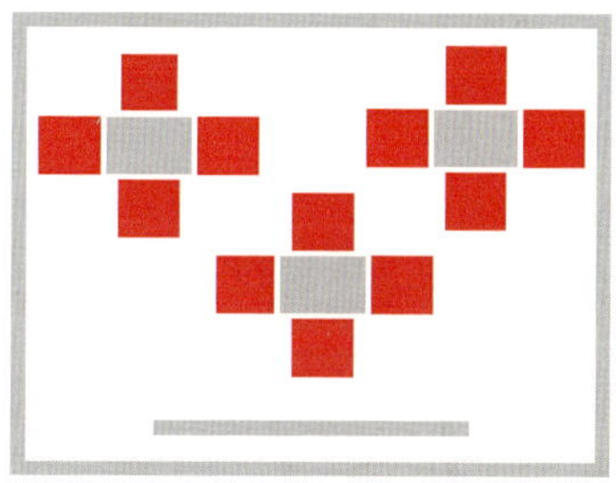

Halbkreis

Tische als Block in der Mitte des Raums

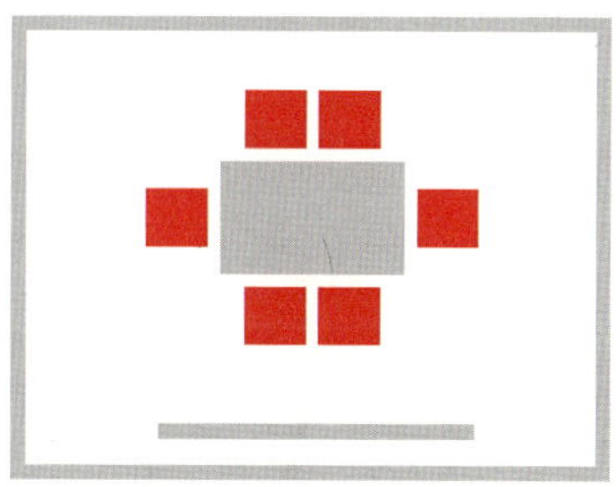

Der Raum, in dem Ihre Präsentation stattfindet, sollte jedoch nicht nur zweckmäßig, sondern auch ansprechend gestaltet sein und so die Ziele Ihrer Präsentation unterstützen. So können Sie beispielsweise den Raum mit Stoffen dekorieren, Plakate aufhängen, Modelle ausstellen und vieles mehr. Ihrer Kreativität sind dabei (fast) keine Grenzen gesetzt.

5.3 Wie baue ich meine Präsentation auf?

„Der erste Eindruck vom Referenten ist am wichtigsten!". Diesen oder ähnliche Sprüche kennen Sie sicher. Er ist natürlich übertrieben, im Kern aber wahr.

Beginnen Sie Ihre Präsentation gut gelaunt und begrüßen Sie Ihre Zuhörer freundlich. Ihr Publikum wird es Ihnen mit einer deutlich größeren Bereitschaft danken, sich mit Ihrem Thema auseinander zu setzen, als wenn Sie lustlos oder widerwillig starten. Eine positive Atmosphäre zwischen Referent und Publikum trägt sehr viel zu einer gelungenen Präsentation bei.
Deswegen lohnt es sich besonders, die ersten Sekunden Ihres Auftretens intensiv zu üben und bei Ihrer Vorbereitung immer die Sach- und die Beziehungsebene im Blick zu behalten.

Achten Sie einerseits auf die Beziehungsebene – strahlen Sie Freundlichkeit, Sympathie, Herzlichkeit und Vertrauen aus – und vergessen Sie andererseits auch die Sachebene nicht, indem Sie den systematischen Aufbau mit einem immer erkennbaren roten Faden im Blick behalten. So werden Sie Ihre Zuhörer für sich gewinnen und sie werden Ihrer Präsentation gut und gerne folgen können.

Den richtigen Aufbau oder **die** richtige Gliederung für eine Präsentation gibt es natürlich nicht. Sie sollten Ihre Präsentationen je nach Thema, Rahmen, Zielgruppe usw. passend gestalten. Die meisten Präsentationen stützen sich auf ein (fast) immer gleiches Grundgerüst:

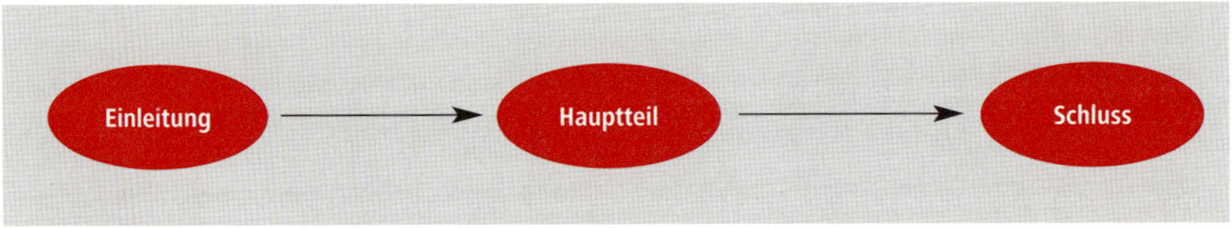

In der **Einleitung** versuchen Sie Ihre Zuhörer für sich und Ihr Thema zu gewinnen:

- Durchatmen, lächeln
- Sie begrüßen Ihr Publikum
- stellen sich vor
- versuchen mit einem anregendem Beispiel, einer Überraschung, einer aktuellen Information o.Ä. einen spannenden Einstieg in Ihr Thema zu finden
- nennen Ihr Thema, z.B. als Zeitungsschlagzeile oder als zu lösendes Problem
- stellen möglicherweise den Nutzen für Ihre Zuhörer dar und
- geben kurz den geplanten Verlauf , d.h. die Gliederung Ihrer Präsentation bekannt. Bei längeren Vorträgen empfehlen wir den Verlauf Ihrer Präsentation dauerhaft sichtbar zu lassen (z.B. auf einem Flip-Chart), damit die Zuhörer jederzeit wissen, zu welchem Teil der Präsentation der Referent gerade spricht
- am Schluss der Einleitung klären Sie, ob Sie auf Fragen der Zuhörer sofort oder am Ende Ihrer Präsentation eingehen werden

Die Gliederung Ihres **Hauptteils** ist sehr viel offener als die Einleitung und bietet Ihnen sehr große Handlungsfreiheit mit vielen Variationsmöglichkeiten. Wir bieten Ihnen eine mögliche Feingliederung an, die Sie vor allem für Problem lösende Fragestellungen benutzen können:

- Sie beschreiben zuerst die Situation, das Problem und die Rahmenbedingungen Ihrer Arbeit, danach
- zeigen Sie Perspektiven und mögliche Wege zur Lösung Ihres Problems auf und schließlich
- stellen Sie die Lösungsmöglichkeiten des Problems dar und erläutern Ihre bevorzugte Problemlösung.

So gliedern Sie Ihren Hauptteil wieder in drei Teile und Ihre Gesamtpräsentation bleibt für die Zuhörer übersichtlich. „Zergliedern" Sie Ihre Präsentation nicht in zu viele Unterpunkte, sonst verliert das Publikum den Überblick und kann – oder will – Ihren Ausführungen nicht mehr folgen.

Vorschlag für den Aufbau einer Präsentation

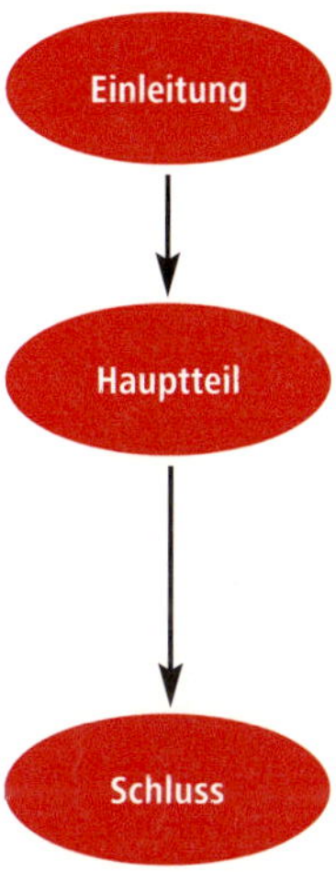

Lächeln, Begrüßung, Vorstellung, „Appetithäppchen", Thema, Nutzen für die Zuhörer, Verlauf, Umgang mit Fragen

Situationsbeschreibung:
Was war, was ist?
Perspektiven:
Wie sollte es sein? Wie ist das zu erreichen?
Lösungsmöglichkeiten und -vorschlag:
Das ist zu tun, das ist mein Vorschlag

Ankündigung, Kernaussage(n)/Problemlösung, Appell, Ausblick, Abrundung, „Danke",
Überleitung zur Diskussion/Fragerunde

Genauso wie die Einleitung spielt auch der **Schluss** einer Präsentation eine entscheidende Rolle für den Gesamteindruck bei Ihren Zuhörern.

„Äh, das war's dann!" ist kein professioneller Schluss, sondern hinterlässt eher den Eindruck, dass der Vortragende selbst überrascht ist, am Ende angekommen zu sein. Planen Sie deshalb auch Ihren Schluss, denn mit dem letzten Eindruck gehen Ihre Zuhörer nach Hause oder in die Diskussion.

- Kündigen Sie Ihren Schluss kurz vorher an
- Fassen Sie die Kernaussage(n), Ihre Problemlösung, etc. zusammen
- Richten Sie einen Appell an Ihr Publikum
- Blicken Sie in die Zukunft und zeigen Entwicklungsperspektiven auf
- Runden Sie Ihre Präsentation mit einem Rückblick auf Ihre Einleitung ab
- Schließen Sie Ihre Präsentation z.B. mit einem schlichten „Danke" nach einer kurzen Atempause
- Leiten Sie danach zur Diskussionsphase oder Fragerunde über

Tipps!

1. Mit dem Hauptteil Ihrer Präsentation haben Sie sich sehr ausführlich befasst. Bereiten Sie sich ebenso intensiv auf den Rahmen (= Einleitung und Schluss) vor, üben Sie z.B. zu Hause vor dem Spiegel, denn ein gelungener Rahmen hilft Ihnen, sich während des Vortrags sicherer und wohler zu fühlen und wertet Ihre gesamte Präsentation auf!

2. Machen Sie den Aufbau Ihrer Präsentation für Ihr Publikum dauerhaft sichtbar, z.B. auf einem Flip-Chart.

Sie müssen sich nicht sklavisch an diesen Aufbau einer Präsentation halten. Er soll Ihnen lediglich als Orientierung beim Gliedern Ihrer individuell gestalteten Präsentation dienen.

Präsentations-Manuskript

„Hilfe, ich habe den Faden verloren!" – Wie finde ich wieder in meine Präsentation zurück?

Selbst sehr routinierte und sichere Redner benutzen Manuskripte und das empfehlen wir auch Ihnen. Da Sie wahrscheinlich noch nicht sehr geübt sind, erhöht ein gutes Manuskript auch Ihre Selbstsicherheit während des Vortrags, wenn Sie beim Verfassen einige Grundregeln beachten:

Manuskript-Grundregeln

Schreiben Sie Ihr Manuskript auf A5- oder A6-Karteikarten. 1

A4-Blätter rascheln in der Hand eines nervösen Redners wie Espenlaub. Kleinere Formate sind für Sie zudem leichter handhabbar (z.B. beim Blättern) und fallen dem Publikum weniger ins Auge.

2

Beschreiben Sie die Karteikarten nur einseitig und nummerieren Sie diese.

So werden Sie trotz Aufregung problemlos die Übersicht in Ihrem Manuskript und Ihrem Vortrag behalten. Die Rückseite Ihrer Manuskriptkarten können Sie mit Ihrem Thema oder Logo beschriften.

3

Notieren Sie auf den Karten nur Stichworte Ihres Vortrags und nicht Ihre ausformulierte Präsentation.

Versuchen Sie ausgehend von den notierten Stichworten während des Vortrags frei zu sprechen! So vermeiden Sie das langweilige Ablesen des Textes, sprechen deutlich langsamer und natürlich betont.
Und Sie können Ihr Publikum besser im Blick behalten.

4

Schreiben Sie groß und leserlich.

So können Sie Ihre Stichworte auch noch aus 50 cm Entfernung (Abstand Auge – Karteikarte) gut lesen.

5

Verkleinerte Visualisierungen ergänzen Ihr Manuskript.

Sie vermeiden damit, sich von Ihren Zuhörern abzuwenden, während Sie z.B. eine an die Wand geworfene Abbildung erklären.

6

Benutzen Sie für Ihre Visualisierungen die gleichen Gliederungspunkte wie in Ihrem Manuskript.

Nur so behalten Sie sicher die Übersicht!

	7
Verwenden Sie mehrere Farben.	
z.B. blau für Überschriften, rot für Beispiele, grün für Visualisierungen	

Die beiden letzten Regeln erhöhen die Übersichtlichkeit Ihres Manuskripts

Mit Hilfe dieser Regeln wird Ihr Manuskript eine gedankliche Stütze für Ihre Präsentation und Sie laufen nicht Gefahr, völlig aus dem Konzept zu kommen oder nicht mehr in den Vortrag zurück zu finden. Auch hier ist es natürlich erlaubt und manchmal sogar notwendig gegen die Regeln zu verstoßen: Die ersten beiden Sätze können Sie durchaus ausformuliert in Ihr Manuskript übernehmen, um Ihre anfängliche Nervosität besser in den Griff zu bekommen. Das Gleiche gilt für besonders wichtige Passagen, Hauptthesen, pfiffige Zwischenbemerkungen oder den präzisen Schlusssatz.

Übungen:

1. Verfassen Sie für eine ca. dreiminütige Kurzpräsentation ein Rede-Manuskript über einen aktuellen Zeitungsartikel oder eine Person der Zeitgeschichte!
   Gliedern Sie Ihr Manuskript in Einleitung – Hauptteil – Schluss.
   Beachten Sie dabei die Manuskript-Grundregeln!
2. Tragen Sie Ihre in Aufgabe 1 erarbeitete Rede in ca. drei Minuten frei vor!
3. Tragen Sie mit Hilfe eines fremden Manuskripts eine Rede zu einem bekannten Thema in ca. drei Minuten frei vor!

5.4 Welche Medien setze ich ein?

Im Mittelpunkt Ihrer Präsentation stehen natürlich Sie. Doch selbst die begabtesten und erfahrensten Redner werden sich bei einer Präsentation nicht nur auf das gesprochene Wort verlassen, sondern versuchen ihre Botschaften zu veranschaulichen und dadurch für den Zuhörer verständlicher zu machen.

Um dieses Ziel zu erreichen, ist der Einsatz von Medien sehr zu empfehlen. Es gibt eine ganze Reihe von Medien, die geeignet sind, Ihre Präsentation zu unterstützen. Hier zunächst eine kurze Übersicht:

- Tafel
- Overhead-Projektor
- Flip-Chart
- Metaplanwand
- PC mit Beamer

Grundsätzliche Aspekte zu den Einsatzmöglichkeiten, Chancen und Risiken der einzelnen Medien:

Setzen Sie Medien nie um ihrer selbst willen ein, sondern nur, wenn dadurch Aussagen anschaulicher oder verständlicher werden.

Oft ist es auch sinnvoll, verschiedene Medien einzusetzen und diese miteinander zu kombinieren. Dieser Medien-Mix macht Ihre Präsentation kurzweilig und abwechslungsreich und erleichtert es dem Publikum, Ihren Ausführungen zu folgen und sie im Gedächtnis zu behalten.

So unterscheidet man zwischen Medien, die dauerhaft während einer Präsentation im Einsatz sind (z.B. Flip-Chart mit der Gliederung des Vortrags) und solchen, die nur kurzfristig zum Einsatz kommen (z.B. eine Folie auf einem Overhead-Projektor mit einem Säulendiagramm, um Zahlen zu veranschaulichen).

Aber Vorsicht! Ihre Präsentation wird nicht zwangsläufig besser, je mehr Medien Sie einsetzen. Machen Sie keine Medienschlacht aus Ihrer Präsentation. Verstecken Sie sich nicht hinter Ihren Medien! Das wichtigste Medium sind und bleiben Sie.

Tipps!

Allgemeine Tipps zum Medieneinsatz:

Kein Einsatz ohne Grund

Nur Medien, die Sie beherrschen

So einfach wie möglich

Gefühle ansprechen

Tafel

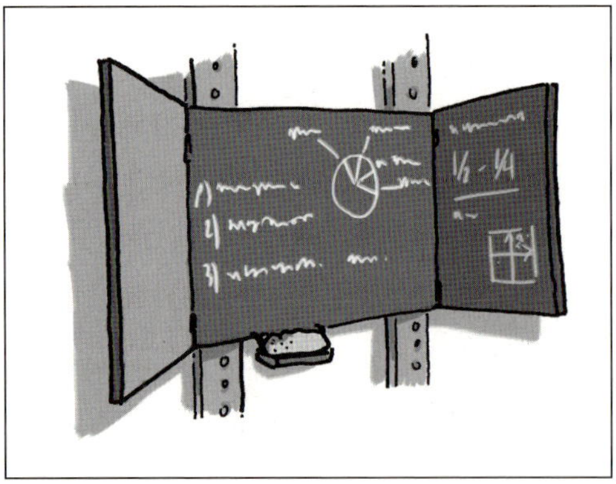

Die Tafel gilt als das zentrale Medium in der Schule. Neben der klassischen Kreidetafel findet inzwischen auch das White Board zunehmend Verbreitung, das mit speziellen Stiften beschrieben wird. Welche Rolle kann die Tafel (oder das White Board) für Ihre Präsentation im Rahmen des Seminarkurses spielen?

Die Arbeit mit der Tafel erfordert einen langsamen und allmählichen Aufbau der Präsentation.

Aufgrund der Größe bietet eine Tafel die Möglichkeit, ein übersichtliches und systematisches Tafelbild zu entwickeln. Sie können jederzeit auf das bereits Erarbeitete zurückgreifen und Ergänzungen oder Veränderungen vornehmen. Wenn die Oberfläche magnetisch ist, haben Sie die Möglichkeit, zusätzliche Materialien anzuheften. Durch das ständige Arbeiten an der Tafel werden Sie zu einem gemächlichen Sprechtempo gezwungen.

Die Nachteile der Tafel sind offensichtlich. Beim Anschreiben an die Tafel wenden Sie dem Publikum den Rücken zu. Die Gefahr ist dabei sehr groß, dass Sie nicht nur zur Tafel schauen, sondern auch zur Tafel sprechen. Damit verstoßen Sie gegen eine wichtige Grundregel: Der Vortragende sollte sich während der Präsentation immer dem Publikum zuwenden. Diese Gefahr gilt zwar grundsätzlich für alle Medien, ist aber bei der Tafel am größten, da Sie während des Schreibens nicht reden dürfen (was bei einer Präsentation mitunter recht schwer fallen kann). Trotz vorhandener Hilfsmittel wie Lineal und Zirkel hängt die Deutlichkeit des Tafelanschriebs eindeutig von Ihrer Handschrift ab. Ein gut lesbarer Tafelanschrieb erfordert viel Geschick und Übung. Eine Präsentation mit dem Medium Tafel benötigt viel Vorbereitungszeit.

Trotz allem wirkt ein gekonnter Tafelanschrieb auf die Zuhörer motivierend und erhellend. Bedenken Sie jedoch, dass spätestens nach der Präsentation (vielleicht sogar bereits währenddessen) das Geschriebene verschwindet, wenn die Tafel ausgewischt wird. Ein zusätzliches Hand-out für die Zuhörer ist deshalb nötig.

Tipps!

Entwerfen Sie Ihr Tafelbild zunächst auf Papier

Testen Sie unbedingt den Tafelanschrieb vor Ort

Overhead-Projektor

Mit einem Overhead-Projektor (OH-Projektor, deutsch auch Tageslichtprojektor) können Sie Folien an eine weiße Wand projizieren. In der Regel werden die Folien vorher erstellt. Sie können die Folien aber auch während der Präsentation ergänzen oder neu erstellen. Dazu benötigen Sie spezielle Folienstifte. Bei wasserlöslichen Stiften können Sie nachträglich noch leicht Korrekturen vornehmen, müssen aber peinlich genau darauf achten, dass Sie das Geschriebene nicht berühren, bevor es getrocknet ist, da es sonst verwischt. Oft verrät eine zittrige Handschrift auch eine gewisse Nervosität oder Unsicherheit. Vor allem ungeübte Personen sollten deshalb nach Möglichkeit mit bereits zuvor angefertigten Folien arbeiten.

OH-Projektionen eignen sich besonders für Listen, Tabellen, Diagramme und zur Darstellung komplexer Zusammenhänge. Üblicherweise werden die Overheadfolien mit einem Textverarbeitungs- oder Präsentationsprogramm erstellt. Wenn Sie keine Möglichkeit haben, die Dateien direkt auf Folie auszudrucken, können Sie die Papierausdrucke auch auf eine Folie kopieren. Schwarz-weiß-Folien sollten nachträglich mit Farbe bearbeitet werden (z.B. Unterstreichungen, Einrahmungen, Einkreisungen wichtiger Aussagen).

Handgeschriebene Folien sind eher selten, können aber in Ausnahmefällen durchaus Sinn machen.

Für die Gestaltung der Folien gelten die Grundregeln, die Sie in Kapitel 5.5 dieses Buches finden.

Die Projektion der Folien an die Wand erlaubt Ihnen ständigen Blickkontakt mit dem Publikum. Doch Vorsicht: Es ist verlockend, den Blick an der Projektionswand zu belassen, da dort alle Stichpunkte für den weiteren Vortrag stehen. Sie sollen die Projektion jedoch lediglich als Stichwortgeber für den Fortgang Ihrer Präsentation nutzen und sich dann wieder dem Publikum zuwenden.

Bei der Overlay-Technik legen Sie mehrere aufeinander abgestimmte Folien übereinander. Sie können so den stufenweisen Aufbau eines Sachverhaltes darstellen (Kann auch umgekehrt als Wegnahmetechnik verwendet werden, um beispielsweise zu zeigen, wie ein Problem verschwindet). Lassen Sie auf jeden Fall ihren Zuhörern genügend Zeit, um die Folien betrachten zu können. Nichts ist für einen Zuhörer frustrierender, als wenn bereits die nächste Folie aufgelegt wird, bevor er die vorangegangene vollständig erfasst hat.

Unterschätzen Sie nicht die Tücken der Technik. Vor dem Einsatz eines OH-Projektors sollten Sie einige Fragen klären, um während der Präsentation keine bösen Überraschungen zu erleben:

- kann der Raum abgedunkelt werden?
- ist der Projektor lichtstark genug?

- wo sind die elektrischen Anschlüsse?
- brauche ich ein Verlängerungskabel?
- wie stelle ich die Schärfe ein?
- sind die Folien für alle Zuhörer zu sehen?

Tipp!

Machen Sie sich rechtzeitig mit den Gegebenheiten des Raumes und der Technik des Projektors vertraut.

Flip-Chart

Ein Flip-Chart besteht aus einem (ausklappbaren) Gestell, einer Schreibunterlage und einem großen Block (ca. 70 x 100 cm) mit mehreren Blättern. Dieser Block kann mit Filzschreibern unterschiedlicher Stärke und Farbe beschrieben werden.

Flip-Charts sind heute aus Besprechungs- und Vortragsräumen kaum noch wegzudenken. Ihre Vorteile liegen in der einfachen Handhabung und dem geringen technischen Aufwand. Ein Flip-Chart ist leicht zu transportieren und kann praktisch überall aufgestellt werden.

Auch wenn das Flip-Chart häufig als Arbeitsmittel in Kleingruppen eingesetzt wird, hat es seine Bedeutung bei Präsentationen nicht verloren. Der Einsatz eines Flip-Charts eignet sich besonders für die Darstellung von Listen und Charts. Das Flip-Chart ist daher ein ideales Zweitmedium, um beispielsweise das Thema und die Grobgliederung Ihrer Präsentation vorzustellen.

Die einzelnen Blätter werden vorher erstellt und während der Präsentation durch Umblättern aufdeckt. Dabei können Sie von vorne nach hinten oder umgekehrt vorgehen. Wenn die Inhalte der einzelnen Blätter für den Fortgang der Präsentation von Bedeutung sind, können diese auch abgenommen und mit wieder entfernbarem Klebeband an der Wand befestigt werden.

Reden Sie nicht zum Medium, sondern suchen Sie Blickkontakt zum Publikum. Falls Sie das Flip-Chart während der Präsentation beschreiben, sollten Sie den Redefluss unterbrechen und anschließend wieder Blickkontakt herstellen.

Die Arbeit mit dem Flip-Chart ist materialaufwändig und dadurch kostenintensiv (die einzelnen Blätter sind relativ teuer). Klären Sie deshalb im Vorfeld ab, in welchem Umfang Sie das Flip-Chart für die Präsentation einsetzen können.

Das Flip-Chart stellt durch seinen plakativen Charakter eine wirksame Unterstützung des Vortragenden dar. Durch die handschriftliche Erstellung wirkt das Flip-Chart persönlich und aktuell.

Tipps!

Üben Sie vor Ihrer Präsentation das Schreiben mit dicken Filzstiften

Schreiben Sie fünf, maximal sieben Stichpunkte auf ein Blatt

Schreiben Sie groß genug

Verwenden Sie Druckschrift

Karo-Papier erleichtert das Schreiben

Metaplanwand

Eine Metaplanwand (Pinnwand) besteht aus einer Weichfaserplatte, auf die mit Stecknadeln Informationsmaterial angeheftet werden kann. Sie ist entweder an der Wand befestigt oder transportabel. In der Regel sind die Wände ca. 125 x 150 cm groß.

Der Einsatz von Metaplanwänden bietet sich für Präsentationen an, in denen Sie ihr Publikum aktiv einbinden wollen. Sie eignet sich zum Sammeln von Informationen und Meinungen, zur Analyse von Sachverhalten und zur Erarbeitung von Problemlösungen.

Am wirkungsvollsten ist der Einsatz in Kombination mit so genannten Moderationskarten. Moderationskarten gibt es in unterschiedlichen Formen, Farben und Größen:

- oval
- rund
- rechteckig
- Wolken

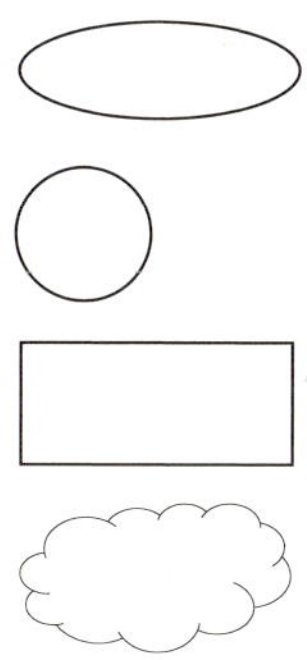

Die Metaplanwand ist ein interaktives Medium, d.h. die Teilnehmer der Präsentation können einen Lösungsprozess miterleben oder sogar mitgestalten. Wenn Sie im Team präsentieren, kann eine Person vortragen, die andere befestigt zur gleichen Zeit die dazugehörigen Karten an der Metaplanwand. Sie können auch Ihre vorbereiteten Karten verdeckt aufhängen und diese nacheinander umdrehen. Natürlich können Sie die Wand auch vollständig vorbereitet in die Präsentation integrieren.

Falls Sie ihr Publikum aktiv einbinden möchten, können Sie Ihre Zuhörer Karten schreiben lassen, die sie anschließend nach Themen gruppiert anheften. Dies erfordert allerdings ein gehöriges Maß an Übung, da Sie im Vorhinein nicht wissen können, was auf den Karten notiert wird. Auf jeden Fall können Sie durch das Anbringen von Klebepunkten einzelne Aussagen gewichten lassen und ein Stimmungsbild Ihrer Zuhörerschaft visualisieren. Die Vorteile dieses Mediums liegen auf der Hand: Die angebrachten Karten und Bildmaterialien sind sehr variabel einsetzbar. Sie können jederzeit umgeordnet, neu strukturiert oder anders zugeordnet werden.

Tipps!

Prüfen Sie rechtzeitig, ob die erforderlichen Materialien vorhanden sind

Vor der Nutzung die Metaplanwand mit Packpapier bespannen

Üben Sie das Beschreiben der Karten

PC und Beamer

Großer Beliebtheit erfreut sich bei den Schülern der Einsatz eines Präsentationsprogramms in Kombination mit PC und Beamer. Dabei erstellen Sie Ihre Präsentation mit Hilfe einer Software am Computer und projizieren Ihr Ergebnis per Mausklick über einen Beamer auf eine Leinwand.

Durch die multimedialen Möglichkeiten moderner Präsentationsprogramme lassen sich interessante und überraschende Effekte erzielen, die Ihren Vortrag wirkungsvoll unterstützen können. Doch bei keinem Medium ist die Gefahr so groß, dass Sie eine Multimedia-Show zum Selbstzweck veranstalten und Sie als Vortragender von Ihrem Publikum kaum noch wahrgenommen werden. Entscheidend bleibt auch bei diesem Medium die Frage: Welchen Zweck verfolge ich mit dem Einsatz?

Um eine multimediale Präsentation zu realisieren, benötigen Sie eine gewisse Grundausstattung an technischen Geräten:

- PC/Notebook
- leistungsstarker Beamer
- Kabelverbindung von PC (Notebook) zu Beamer
- ausreichend große Projektionswand
- Lautsprecher (falls Sie Ton einsetzen)
- Internetanschluss (falls Sie Webseiten aufrufen wollen)

Je mehr Technik im Spiel ist, desto sorgfältiger sollten die Vorbereitungen der Präsentation sein.

Tipps!

Klären Sie (rechtzeitig!), ob die benötigten Geräte vorhanden sind und Ihnen am Tag Ihrer Präsentation zur Verfügung stehen

Testen Sie alle (!) Geräte auf Funktionstüchtigkeit

Führen Sie für Ihre Präsentation eine Generalprobe an Ort und Stelle durch

Üben Sie den Ablauf der Präsentation gründlich ein

Warum stehen PC-unterstützte Präsentationen bei den Schülern so hoch im Kurs?

Die Vorteile dieses Mediums liegen auf der Hand:

- Sie können die vollständige Präsentation vorher fertig stellen und als Datei abspeichern
- Sie können den Ablauf der Präsentation per Mausklick steuern:
  Die Abfolge der einzelnen Seiten (Folien) ergibt zwangsläufig Ihren roten Faden
- Sie können das Layout mit Hilfe moderner Programme professionell und ansprechend gestalten
- Sie können die Präsentation durch den Einsatz von Animationen, Farben, Tönen und Videos abwechslungsreich und lebendig gestalten

Nachfolgend erhalten Sie Anregungen und Hinweise zum Erstellen einer Präsentation mit einem Präsentationsprogramm zum Einsatz am PC und Beamer.

Die Präsentation wurde mit dem Programm PowerPoint von Microsoft erstellt. Falls Sie PowerPoint-Anfänger sind, empfehlen wir Ihnen ein Einsteigerbuch. Powerpoint ist ein intuitiv zu erlernendes Programm, mit dem man bereits nach kürzester Zeit arbeiten und beachtliche Ergebnisse erzielen kann.

Eine PowerPoint-Präsentation besteht in der Regel aus mehreren Seiten. Eine Seite wird in PowerPoint als Folie bezeichnet. Bevor Sie mit der Bearbeitung der einzelnen Folien beginnen, sollten Sie eine sogenannte Masterfolie erstellen. Mit der Masterfolie legen Sie das einheitliche Aussehen ihrer Einzelfolien fest. In unserem Beispiel werden die Formatierung des Titelbereichs und der einzelnen Textebenen (z.B. durch Wahl der Schriftart, der Schriftgröße, der Farbe und des Aufzählungszeichens) festgelegt. Außerdem haben Sie die Möglichkeit, eine Kopf- und Fußzeile einzufügen.

Hier wurde rechts oben ein Logo mit weiteren Angaben eingezogen; unten in der Fußzeile die Angabe des Themas und Seitenzahl. Ebenso legen Sie hier den Hintergrund für Ihre Folien fest.

Beispiel Masterfolie:

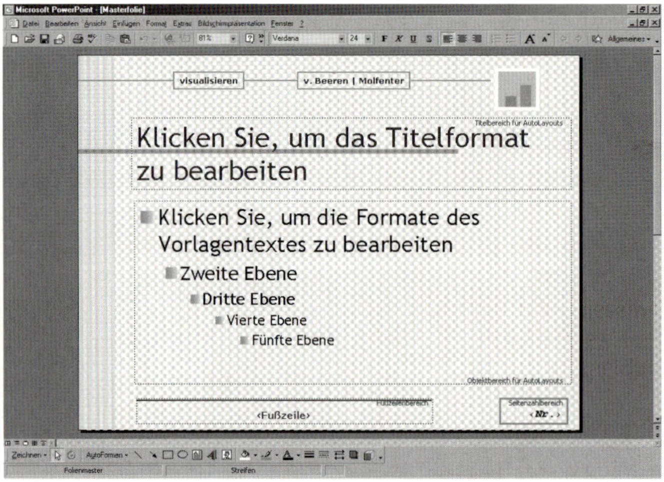

Beispiel Einzelfolien:

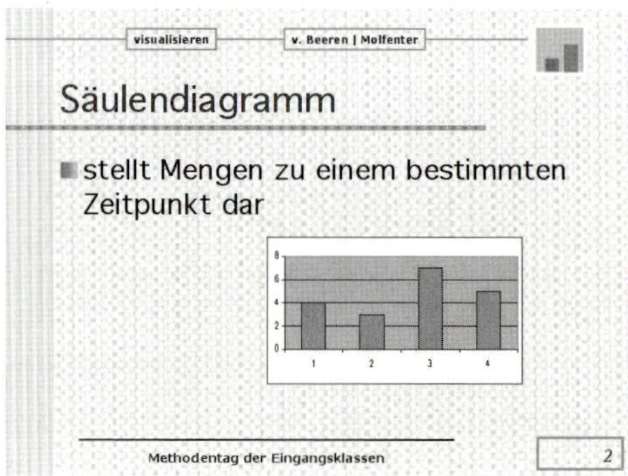

Die Erstellung der Einzelfolien lässt eine völlig freie Anordnung der Elemente zu.

Nachfolgend erhalten Sie eine Übersicht über die wichtigsten Elemente zur Gestaltung Ihrer individuellen Präsentation:

- Textfelder
- Symbole
- ClipArts
- Digitale Bilder
- Grafiken
- Sounds
- Filmsequenzen
- Tabellen
- Diagramme
- Organigramme

Für die Gestaltung der Folien gelten die Grundregeln, die Sie in Kapitel 5.5 dieses Buches finden.

Tipps!

Sie müssen den Ablauf der Präsentation in- und auswendig kennen.
Gesprochenes Wort und gezeigte Folien müssen unbedingt synchron sein.

Drucken Sie für sich die gesamte Präsentation aus, so verlieren Sie nie den Überblick Versehen Sie Ihren Ausdruck mit persönlichen Regieanweisungen (z.B. Pause einlegen, zur Projektionswand gehen, ...)

Verwenden Sie eine schnurlose Maus, das macht Sie flexibler

Nutzen Sie nach Möglichkeit den Bildschirm des PCs oder Notebooks als Stichwortgeber, Sie können so besser Blickkontakt zum Publikum halten

Überfordern Sie Ihre Zuhörer nicht mit einer zu schnellen Abfolge der Folien: Lassen Sie Ihre Folien auf die Zuhörer wirken

Arbeiten Sie mit Links: Sie können so den linearen Ablauf der Präsentation unterbrechen

Computerunterstützte Präsentationen bieten eine Fülle von Möglichkeiten zur interessanten Informationsvermittlung. Nutzen Sie diese Möglichkeiten, um einen kreativen und abwechslungsreichen Vortrag zu erstellen. Hüten Sie sich jedoch davor, eine reine Multimedia-Show zu veranstalten. Denn trotz all dieser Möglichkeiten sollten Sie nie vergessen: Sie präsentieren, nicht der Computer!

5.5 Visualisieren – warum und wie?

Unter Visualisieren versteht man die bildhafte Darstellung von Inhalten.

Informationsverarbeitung kann auf unterschiedlichste Art und Weise erfolgen. Die meisten Menschen verarbeiten und behalten Inhalte überwiegend in Form von Bildern. Sie sind so genannte visuelle Typen. Auf diese Erkenntnis bezieht sich auch der für Präsentationen häufig benutzte Spruch „Ein Bild sagt mehr als tausend Worte!"

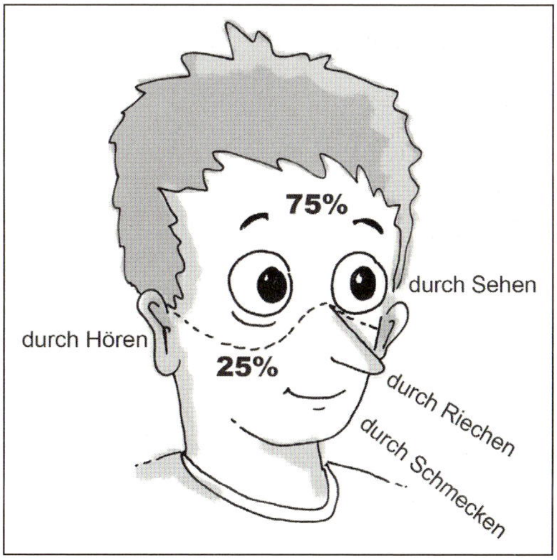

Eine gute Visualisierung ist von entscheidender Bedeutung für eine gelungene Dokumentation und eine erfolgreiche Präsentation.

Durch Visualisieren können Sie sich auf das Wesentliche beschränken.

Wie komme ich von der Information zum Bild?

Dabei helfen Ihnen vier einfache Schritte:
1. Bringen Sie Ihre Informationen in eine Struktur oder erstellen Sie eine Gliederung.
2. Bilden Sie aus dieser Struktur größere Informationsblöcke, denen Sie Schlagworte (Überschriften) zuordnen .
3. Filtern Sie aus diesen Blöcken die Kernaussage heraus.
4. Versuchen Sie diese Kernaussage durch ein Bild, eine Grafik oder ein Diagramm zu verstärken.

Beispiel

Thema: Rauchen verursacht Lungenkrebs

1. ➜ Gesundheitsrisiken durch Rauchen
   ➜ Inhaltsstoffe einer Zigarette
   ➜ Teer
   ➜ Raucherlunge
2. Teer:
   • zähflüssige Masse
   • Nutzung im Straßenbau / in Farbstoffen / in Lacken
   • verklebt Flimmerhärchen der Atemwege
   • zu 95% der krebsauslösende Faktor für Lungenkrebs
3. Teerablagerungen führen zu Lungenkrebs
4. Abbildung einer Raucher- und einer Nichtraucherlunge

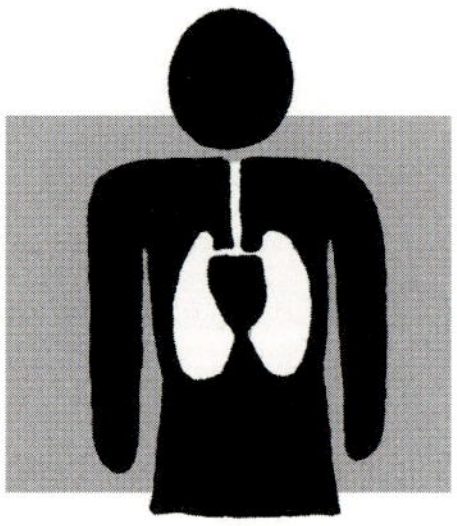

Welche Visualisierungsmöglichkeiten habe ich?

1. Listen und Texte
2. Strukturbilder und Bilder
3. Symbole und Cartoons
4. Filme
5. Tabellen
6. Diagramme

Welche Anwendungsregeln muss ich bei den einzelnen Visualisierungsmöglichkeiten beachten?

Listen und Texte

Wenn Sie in Ihrer Präsentation Folien für den Overhead-Projektor oder aus PowerPoint benutzen, sollten Sie Wert darauf legen, lange Texte auf Ihren Folien zu vermeiden: Die Übersichtlichkeit und die Aufmerksamkeit Ihrer Zuschauer geht sonst verloren.

Beispiel

Rechte des Azubi

- Vergütung
- Freistellung Berufsschule
- Ausbildung gemäß Ausbildungsziel
- Bereitstellung Ausbildungs- und Prüfungsmittel
- Urlaub
- Zeugnis
- Fürsorge

Tipps!

Holen Sie die Kernaussagen aus dem zu vermittelnden Text heraus (z.B. mit Textmarker unterstreichen) und formulieren Sie diese möglichst einfach

Benutzen Sie Stichworte

Beachten Sie unbedingt die Schriftgröße (Ein Richtwert von mindestens Schriftgrad 24 sollte eingehalten werden)

Denken Sie an die Leinwand-/Raumgröße und den Abstand zu den Zuhörern

Benutzen Sie nicht mehr als zwei Schriftarten und maximal drei Farben

Der Zuschauer behält die Übersicht, wenn Sie maximal sieben Gliederungspunkte aufnehmen

Vergessen Sie nicht die Überschrift und überlegen Sie sich eine sinnvolle Reihenfolge Ihrer Inhaltspunkte

Eine aus diesem Text erstellte Folie könnte folgendes Aussehen haben:

7 Gebote für Text-Visualisierungen

- **Kernaussagen**
- **einfache Formulierung**
- **Stichwörter**
- **Schriftgröße**
- **maximal 2 Schriftarten**
- **maximal 3 Farben**
- **maximal 7 Inhaltspunkte**

Übung:

Erstellen Sie aus nachfolgendem Text eine Folie gemäß den angegebenen Tipps.

Thema: Wirkungen der Musik

„Der Musik werden die unterschiedlichsten Wirkungen zugeschrieben; das Spektrum reicht von der Erfahrung einer heilenden Wirkung (z.B. Musik von Bach und Mozart, New-Age-Musik) bis hin zu destruktiverer Musik (z.B. Death Metal, Gothic, Musik von Schönberg). In der frühen Kirchenmusik waren beispielsweise nur menschliche Stimmen (z.B. Gregorianischer Choral) zulässig, erst später durften Instrumente genutzt werden.

Bis heute konnten die Musikwissenschaft und ihre Hilfsdisziplinen nicht abschließend klären, in welchem Grad diese Wirkungen mit den kulturellen Rahmenbedingungen zusammenhängen. So wurde durch die Verbreitung der Rockmusik noch vor wenigen Jahrzehnten der Untergang des Abendlandes befürchtet. Andererseits weist die Medienwirkungsforschung zumindest in speziell dispositionierten Fällen Wirkungen wie Selbsttötungen nach. Allerdings sind auch diese Forschungsergebnisse umstritten.

Auch Pflanzen und Tiere sollen auf Musik reagieren. Nicht nur Esoteriker behaupten, bestimmte Musik habe positive Auswirkungen auf das Wachstum von Zimmerpflanzen, selbst in der Tierhaltung wird Musik gelegentlich eingesetzt.

Vollkommen im Bereich der Spekulation liegt die Unterstellung der universellen Verständlichkeit von Musik. So kommunizieren Erdenbewohner in Steven Spielbergs Spielfilm ‚Unheimliche Begegnung der dritten Art' mit außerirdischen Besuchern über Tonfolgen und Klänge. Selbst die heutigen Raumsonden der NASA und ESA enthalten Aufzeichnungen von Musik, die der Verständigung mit außerirdischen Lebensformen behilflich sein sollen."

Quelle: http://de.wikipedia.org/wiki/Musik#Wirkungen

Bilder und Strukturbilder

Texte und Informationen können Sie als Vortragender auch mit Hilfe von Bildern oder Strukturbildern verdeutlichen und sich selbst verbal zurückhalten.

Vom Wort zum Bild.

Überprüfen Sie Ihre Informationen, ob Sie diese durch Strukturbilder visualisieren können.

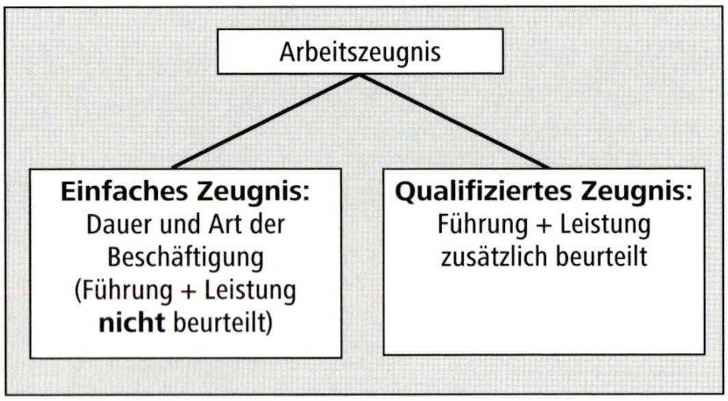

Sie haben die Möglichkeit räumliche, zeitliche und kausale Zusammenhänge mit Bildern zu erläutern und zu verdeutlichen, und so Verständnis auf einen Blick zu schaffen.

Einige Beispiele für Strukturbilder und ihre Zusammenhänge:

- Lage in einem Gefüge

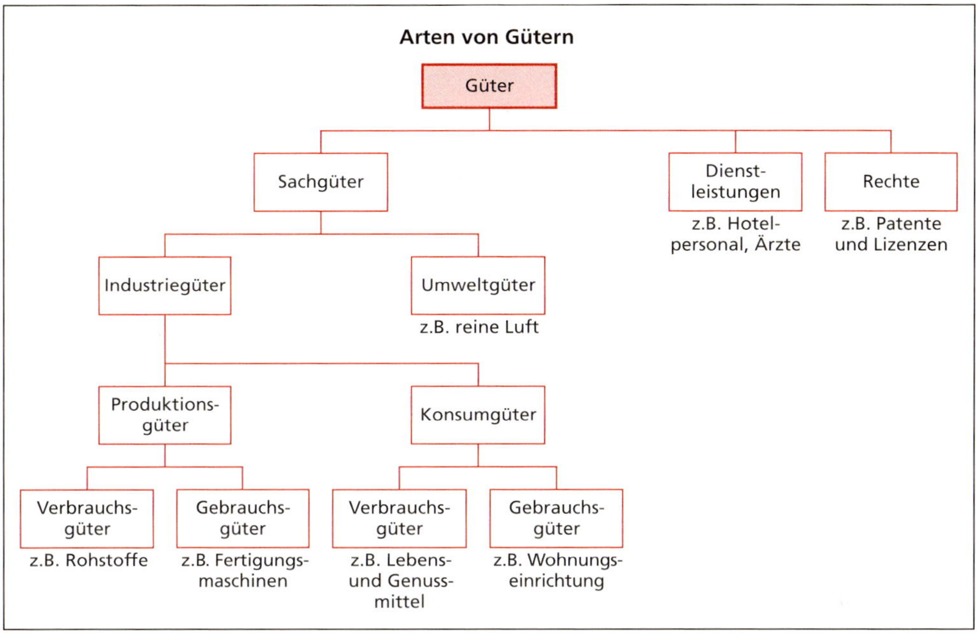

Organigramm
Quelle: Eberhardt u.a.: BWL mit Rechnungswesen, S. 13

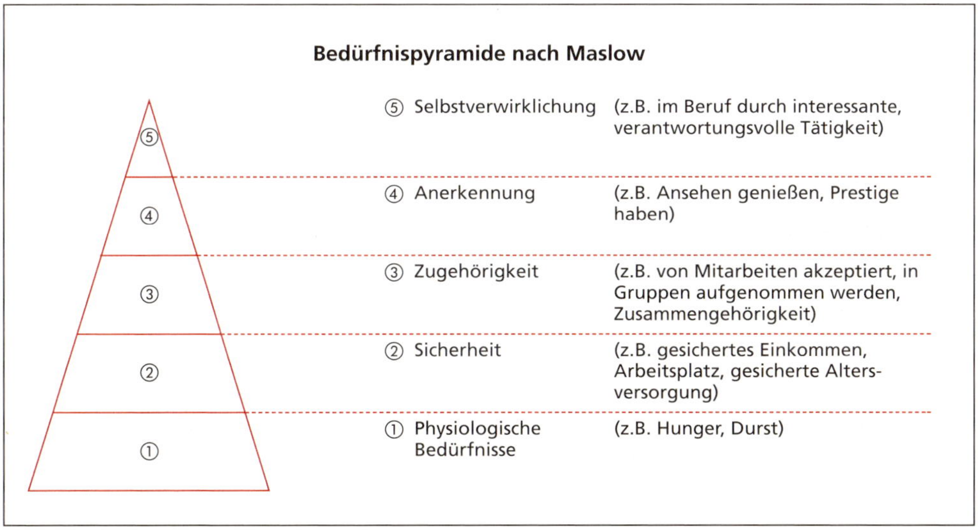

Pyramide
Quelle: Eberhardt u.a.: BWL mit Rechnungswesen, 2004, S. 17

• Vorgänge (Prozesse)

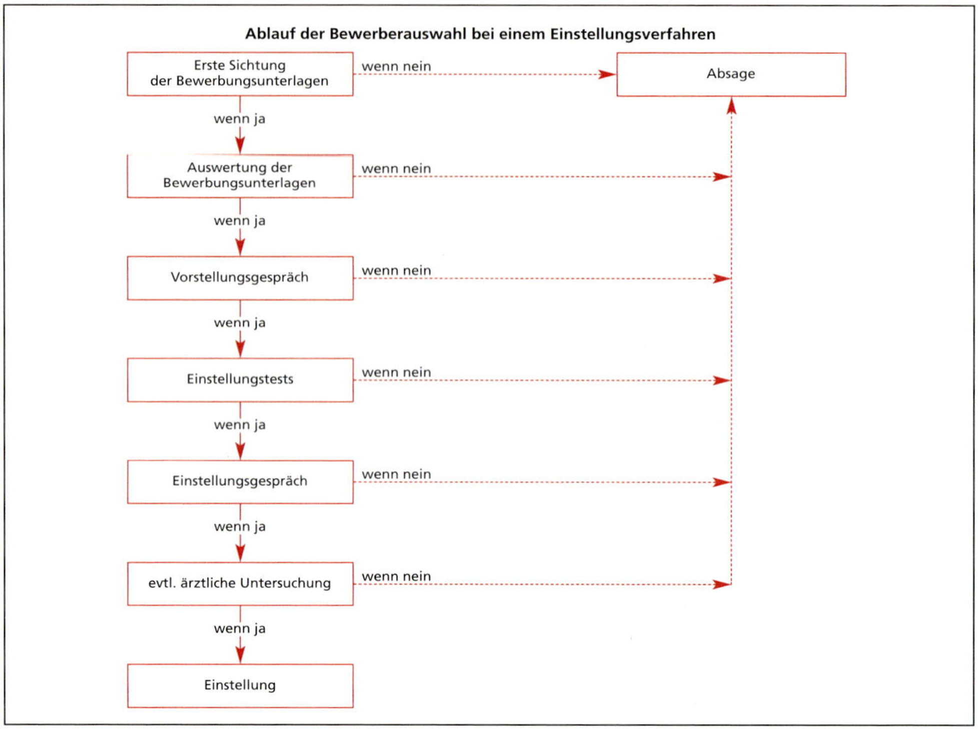

Ablauf
Quelle: Eberhardt u.a.: BWL mit Rechnungswesen, 2004, S. 199.

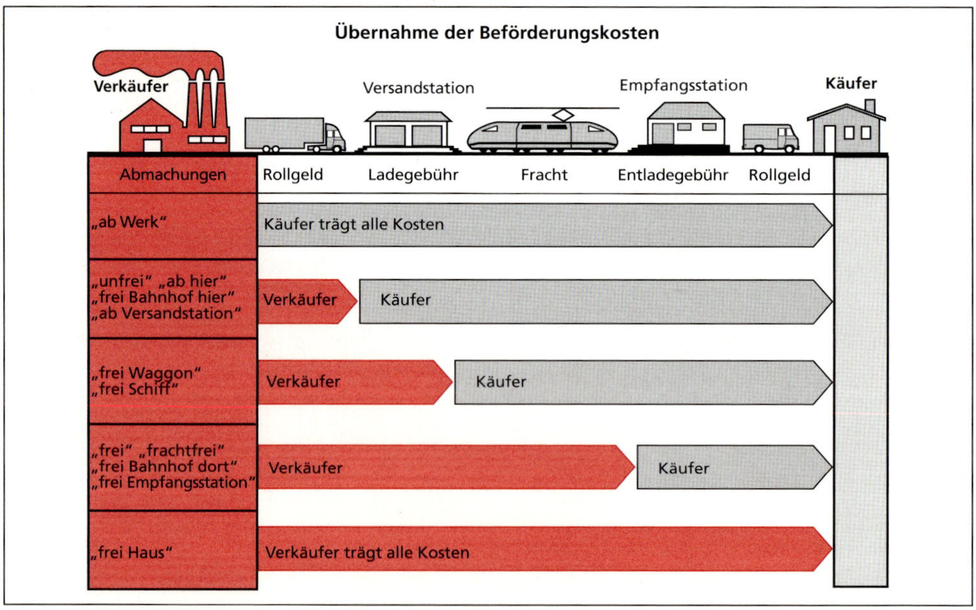

Stufenplan
Quelle: Eberhardt u.a.: BWL mit Rechnungswesen, 2004, S. 139.

- Zusammenhänge

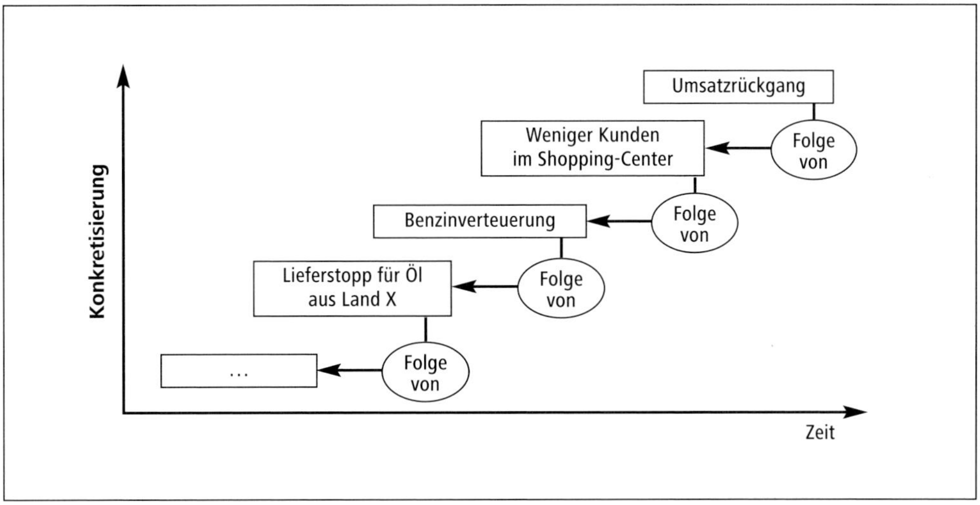

Ursache und Wirkung
Quelle: Sylvia Nickel

- Mind-Map (siehe Kap. 2.1)

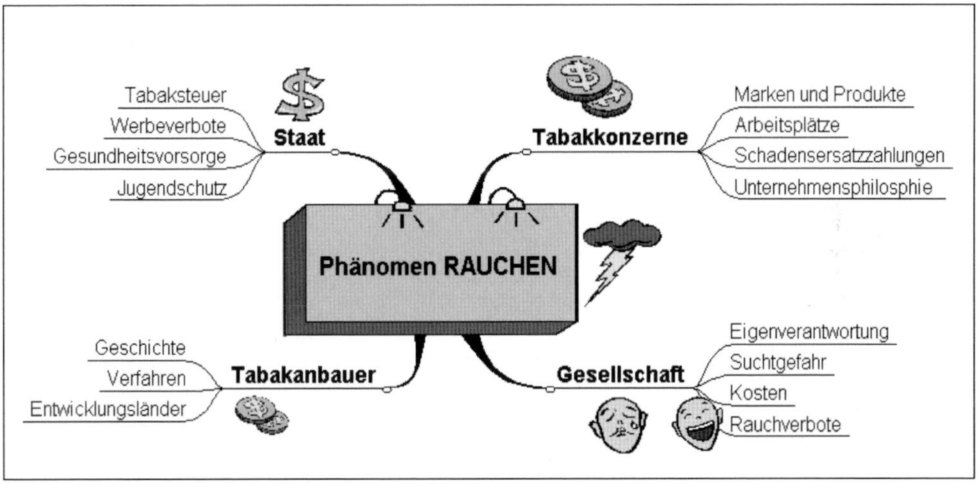

Bei der Gestaltung von Strukturbildern, Bildern oder Bildreihen sollten Sie folgende Punkte beachten:

Tipps!

Erstellung und Verlauf von links nach rechts und von oben nach unten

Packen Sie nicht zu viele Informationen hinein

Bauen Sie Zusammenhänge schrittweise auf

Benutzen Sie keine unnötigen Symbole

Farb- und Linienwahl sinnvoll variieren

Beispiele

Vom Text zum Strukturbild

Power-Point bietet zahlreiche Möglichkeiten der optischen Gestaltung.

Schatten, Fülleffekte, Strukturen und 3-D-Effekte verleihen den vorgestellten Objekten mehr Lebendigkeit. Animationen können noch mehr Dynamik in eine Präsentation bringen.

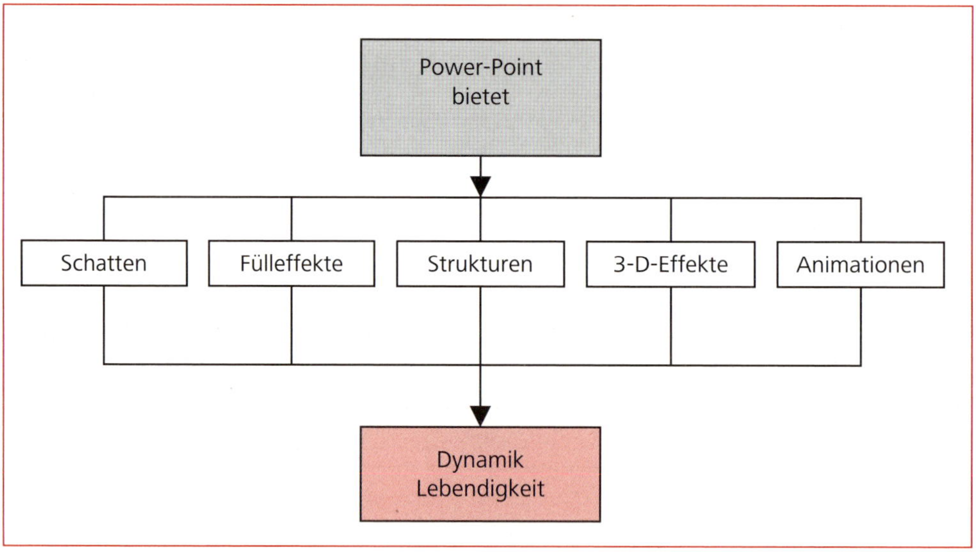

Vom Text zur Bildreihe

Alle Menschen und andere Lebewesen bestehen aus einer Vielzahl von Zellen. Diese enthalten jeweils in Ihrem Zellkern die gesamte genetische Erbinformation, welche die Eigenschaften der Lebewesen bestimmen. Die Sprache dazu ist in den Chromosomen als DNA gespeichert. DNA ist eine chemische Substanz, die aus zwei schraubig miteinander verbundenen Molekülketten (Doppelhelix) aufgebaut ist.

Von der Gesamtheit zum Einzelnen ➜ Vom Großen zum Kleinen

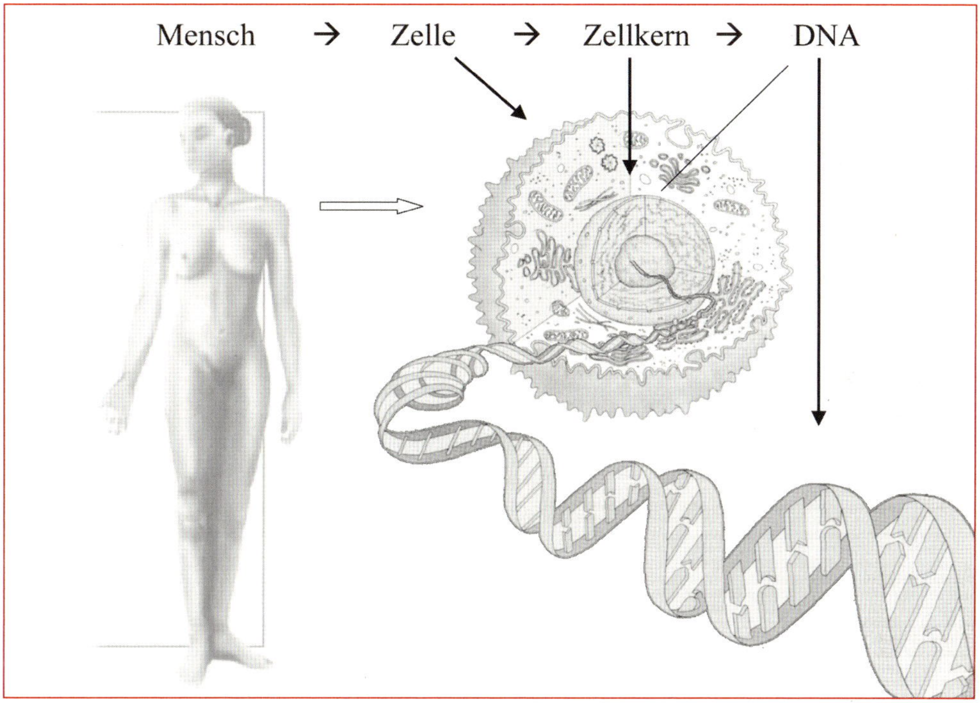

Symbole und Cartoons

Mit Hilfe von **Symbolen** können Sie Begriffe und Aussagen abstrakt und bildhaft darstellen. Symbole sollten Zeichen sein, aus denen man etwas schließen oder erkennen kann (z.B. Kennzeichen, Wahrzeichen, Abzeichen oder Sinnbilder).

Mit Symbolen können Sie Themen ankündigen oder Aussagen unterstützen und interessanter machen.

Hier eine kleine Auswahl von Symbolen und ihren Aussagemöglichkeiten

Ring  ➜ Freundschaft

Herz  ➜ Liebe

Waage  ➜ Justiz

Cartoons sind Zeichnungen oder Karikaturen, die ein Wort oder Geschichten in einem oder wenigen Bildern, ohne beschreibenden Text, humoristisch darstellen.

Nebenstehendes Cartoon könnten Sie zum Thema Visualisierung durch Statistiken und Grafiken bei einer Präsentation einsetzen.

Tipps!

Vermeiden Sie sinnlose Symbole, wenn Sie eindeutige Begriffe erklären wollen

Vorsicht mit Symbolen aus der PC-Bibliothek (ClipArts), die jeder kennt und langweilen

Wechseln Sie nicht Ihren Symbolstil innerhalb einer Präsentation

Überlegen Sie erst Ihre Aussage und suchen danach das Symbol

Filme

Filme und Videos geben die Realität am Besten wieder. Deshalb sollte man, wenn es die Möglichkeit gibt, auf einen Einsatz bei einer Präsentation nicht verzichten.

Mit einem Film lässt sich die Glaubwürdigkeit von Aussagen untermauern.

Filme können Informationen vermitteln oder beeindrucken, wenn sie als **„Reißer"** eingesetzt werden.

- Zeigen Sie den Informationsfilm möglichst in Sequenzen, um die entsprechenden Sachverhalte deutlich zu machen. Sie können Standbilder einsetzen oder ihn in Zeitlupe ablaufen lassen, um seine Aussagekraft zu verstärken.
  Beispiele: Interviews, Sachfilme, Beschreibungen, Anleitungen usw.

  Kündigen Sie die Unterbrechungen an.

- Bei einem „Reißer-Film", oft auch Image-Film genannt, sollten Sie den ganzen Film am Anfang oder am Ende der Präsentation laufen lassen.
  Bereiten Sie eine Überleitung zum weiteren Verlauf der Präsentation vor oder überlegen Sie sich einen Nachspann.

  Lassen Sie den Film wirken, indem Sie eine kurze Pause zum Verarbeiten lassen.

Tipps!

Filmeinsatz maximal 30 Sekunden

Einsatz als Einstieg oder Schluss

Informationsfilme in Sequenzen

Kritisch überprüfen: passt der Film?

Überprüfen Sie gewissenhaft die Technik!

Tabellen

Stellen Sie sich eine Präsentation mit folgendem Wortlaut vor:

Die Auto AG steigerte im Geschäftsjahr 2 ihre Umsatzerlöse gegenüber dem Vorjahr um 5,4% auf 45,4 Mrd. Euro. Der Auslandsanteil der Umsatzerlöse ging von 66,7% auf 61,9% zurück. Die Herstellungskosten erhöhten sich vor allem aufgrund der Belastungen für Neuanläufe um 10,9%. Infolgedessen verminderte sich das Bruttoergebnis vom Umsatz gegenüber dem Vorjahreswert um 76,5% auf 628 Mio. Euro. Das Finanzergebnis stieg um 63,6% auf 2,5 Mrd. Euro, was insbesondere aus höheren Beteiligungserträgen resultierte. Das Ergebnis der gewöhnlichen Geschäftstätigkeit der Auto AG betrug am Ende des Jahres 976 Mio. Euro und lag damit um 46,6% unter dem Vorjahreswert.

Ohne den Einsatz geeigneter Visualisierungsmittel wird der Vortragende keine Chance haben, dem Publikum seine Inhalte zu vermitteln. Die Zuhörer werden nach kürzester Zeit überfordert sein. Dennoch kann der Referent natürlich nicht auf die Zahlen verzichten, da sie elementar für seinen Vortrag sind.

Vermutlich wird auch Ihre Präsentation in irgendeiner Form Zahlen beinhalten.

Die Frage lautet also: Wie kann ich meine Zuhörer mit Zahlen konfrontieren, ohne sie zu überfordern?

Wie kann ich diese Zahlen kompakt, systematisch und übersichtlich darstellen?

Mit Hilfe von Tabellen bringen Sie Ordnung in unübersichtliche Zahlenwerke. Tabellen wirken systematisch und strukturiert und können äußerst wirkungsvoll in eine Präsentation eingebunden werden.

Doch auch hier ist Vorsicht geboten. Überfrachten Sie Ihre Präsentation nicht mit Tabellen. In dem Bemühen möglichst vollständig und exakt zu sein, können Sie ihre Zuhörer leicht überfordern und dadurch eher verwirren als informieren.

Anhand des Beispiels wird gezeigt, wie Sie Tabellen sinnvoll und gewinnbringend einsetzen können.

Beispiel

Hier werden unterschiedliche Zahlen mit ihren Vorjahreswerten verglichen. Dabei wird mit absoluten Zahlen (Umsatzerlöse 45,4 Mrd.), und auch mit Prozentangaben (Umsatzerlöse + 5,4% gegenüber Vorjahr) gearbeitet.

Entscheidend sind folgende Aussagen:
- Umsatzerlöse sind leicht gestiegen
- Gewinn ist stark gesunken

Diese Informationen sollen nun anhand einer Tabelle dargestellt werden.

Alle anderen Angaben wie Auslandsanteil am Umsatz, Herstellungskosten und Finanzergebnis entfallen zugunsten der Übersichtlichkeit. Sollten diese Zahlen später von Interesse sein, lassen sie sich noch leicht in die Tabelle einbauen. Letztlich müssen Sie entscheiden, was für Ihre Zuhörer von Bedeutung und Interesse ist.

Entwicklung von Umsatz und Gewinn

	Umsatzerlöse in Mrd. Euro	Gewinn in Mrd. Euro
Jahr 1	43,09	1,83
Jahr 2	45,40	0,63
Veränderung in %	5,4	– 46,6

Tipps!

Überschrift oder Bezeichnung der Tabelle nicht vergessen

Große Zahlen zu Tausender oder wie hier zu Millionen zusammenfassen (43,09 Mrd. anstatt 43.087.000.000)

Einheiten gehören in die Spaltenüberschrift (und nicht in jede einzelne Zelle)

Zahlen spaltenweise anordnen, das erleichtert die Vergleichbarkeit

entscheidende Aussagen farblich kennzeichnen

Die Tabelle ist ein wichtiges Element zur Strukturierung der Präsentation. Eine Tabelle hat die Aufgabe, die Zahlen so anzuordnen, dass ein Betrachter ohne Nachfrage schnell die relevanten Informationen ablesen kann.

Diagramme

Bei Diagrammen werden Zahlen in Form von Schaubildern dargestellt. Ein gutes Diagramm sollte ohne zusätzliche Erklärungen auskommen können.

Ziel eines Diagramms ist es, die vorhandenen Daten (und die damit verbundene Aussage) auf einen Blick zu veranschaulichen. Die Kernaussage sollte sich einem Betrachter ohne Mühe erschließen.

Überlegen Sie zunächst, wie Sie diese Forderungen am Beispiel der Tabelle aus dem vorherigen Kapitel erfüllen können.

Es liegen Vergleichswerte (Umsatz, Gewinn) aus zwei Geschäftsjahren (Jahr 1, Jahr 2) vor, die sich unterschiedlich entwickelt haben.

Kernaussage: Umsatz leicht gestiegen, Gewinn stark gesunken.

Diese Botschaft soll schnell und eindeutig vermittelt werden.

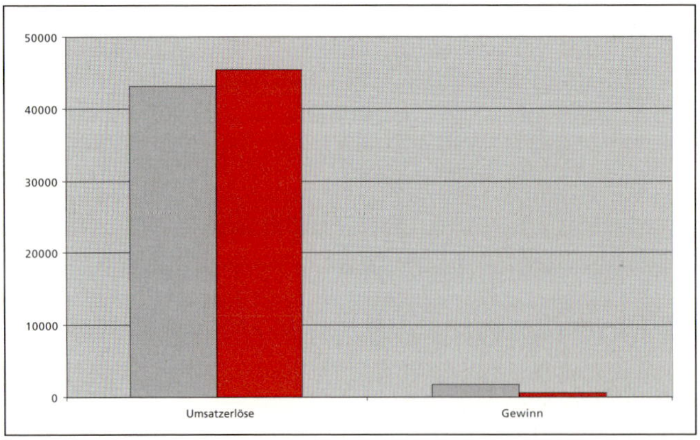

Zweifelsfrei sind in diesem Diagramm alle vorhandenen Zahlen korrekt verarbeitet und grafisch dargestellt. Aber erfüllt dieses Diagramm die Anforderungen an ein gelungenes Diagramm? Wird die Kernbotschaft unmissverständlich und unverzüglich klar? Nein!

Woran liegt das?

Bei der Betrachtung des Diagramms können folgende Kritikpunkte festhalten werden:

- die absoluten Unterschiede zwischen den Säulen sind kaum zu erkennen
- die relativen Unterschiede zwischen den Säulen werden nicht deutlich
- die Gewinnsäulen verblassen gegenüber den Umsatzsäulen
- es fehlt eine aussagekräftige Überschrift
- es fehlt eine Legende für die Bedeutung der Farben
- es fehlen die Einheiten an der y-Achse
- die Zahlen auf der y-Achse können noch weiter zusammengefasst werden
- die Farbe der linken Säulen hebt sich nicht vom Hintergrund ab

Um diese Mängel zu beseitigen, gibt es verschiedene Möglichkeiten:

Oft ist es sinnvoll, mehrere Diagramme zu erstellen. Beispielsweise können Sie die absoluten Zahlen von Umsatz und Gewinn in zwei verschiedenen Diagrammen darstellen. Die prozentuale Entwicklung von beiden Größen kann dann in einem dritten Diagramm erfolgen.

Diagramm 1

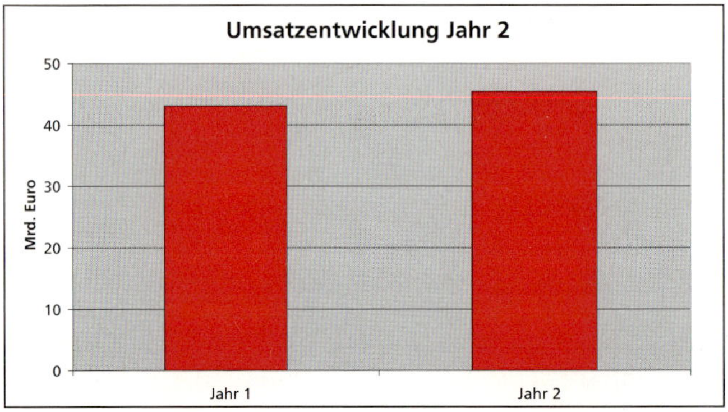

Diagramm 2

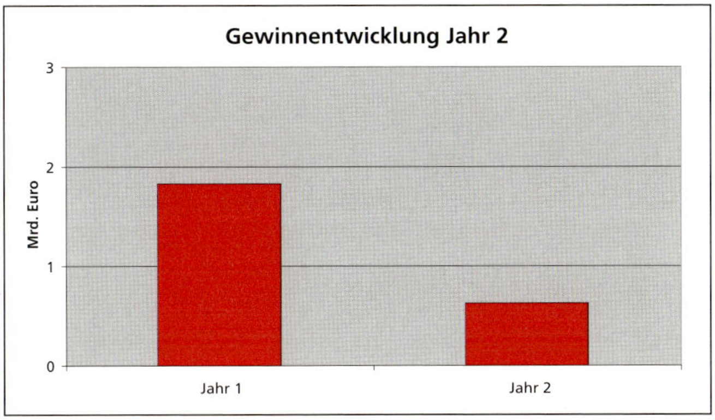

Diagramm 3

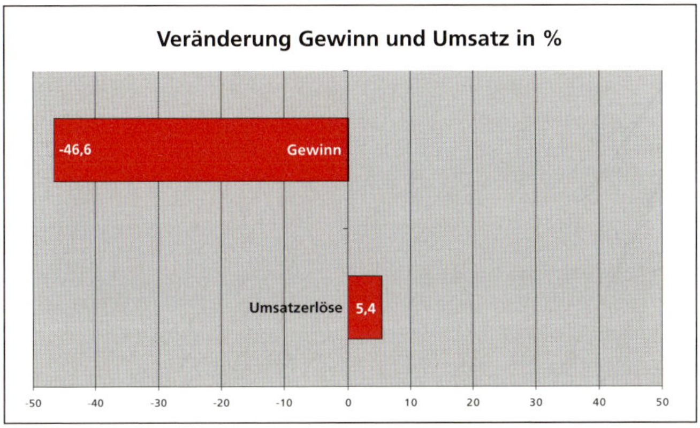

Tipps!

Begrenzen Sie die darzustellende Datenmenge

Vermeiden Sie unnötige Details

Vergeben Sie einen aussagekräftigen Diagrammtitel

Beschriften Sie die Achsen

Vorsicht vor dreidimensionalen Diagrammen

Wie an dem Beispiel erkennbar wird, gibt es verschiedene Arten von Diagrammen. Für die Darstellung der absoluten Umsatz- und Gewinnzahlen wurden Säulendiagramme benutzt. Die prozentuale Abweichung vom Vorjahr wurde durch ein Balkendiagramm dargestellt. Daneben gibt es noch weitere Diagrammarten.

Die fünf wichtigsten Diagrammarten sind:

- Säulendiagramm
- Balkendiagramm
- Kreisdiagramm
- Liniendiagramm
- Blasendiagramm

In diesem Kapitel soll vermittelt werden, für welche Daten das richtige Diagramm verwendet wird. Nicht jede Diagrammart ist für alle Datenmengen geeignet.

Säulendiagramm

Beispiel

Der Pro-Kopf-Verbrauch von Zigaretten in Deutschland betrug in:

Jahr 1: 1699 Stück

Jahr 2: 1733 Stück

Jahr 3: 1761 Stück

Grafische Darstellung dieses Sachverhaltes:

Säulendiagramm

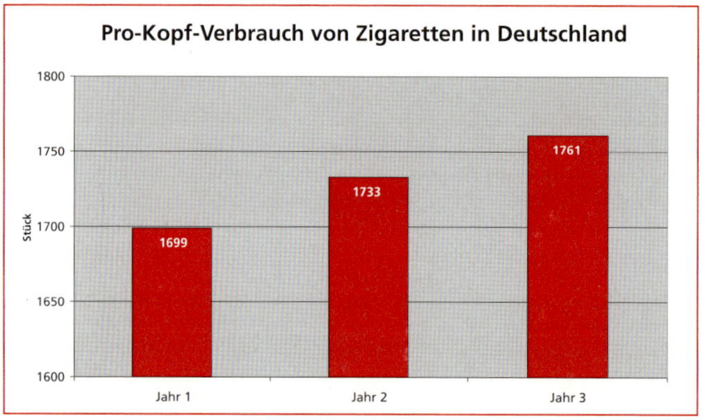

Einsatzmöglichkeiten

- Darstellung von Mengen und anderen absoluten Größen
- Gut für Vergleiche geeignet
- Unterschiede und Größenverhältnisse sollen sichtbar gemacht werden

weitere Beispiele

- Anzahl verkaufter Zigaretten pro Unternehmen
- Umsatz pro Unternehmen
- Werbeausgaben pro Unternehmen

- Höhe der Tabaksteuer pro Jahr
- Ausgaben für Anti-Raucher-Kampagnen pro Jahr
- Anzahl von Lungenerkrankungen pro Jahr
- Pro-Kopf-Einkommen pro Land

Tipps!

Anzahl der Säulen auf 4 (maximal 6) begrenzen

Säulen nur dann mit den Werten beschriften, wenn diese erforderlich sind

Soll nicht nur der Pro-Kopf-Verbrauch von Zigaretten, sondern beispielsweise auch der von Zigarren und Zigarillos dargestellt werden, bedient man sich zusammengesetzter Säulendiagrammen.

Säulendiagramm (gruppiert nach Produkten)

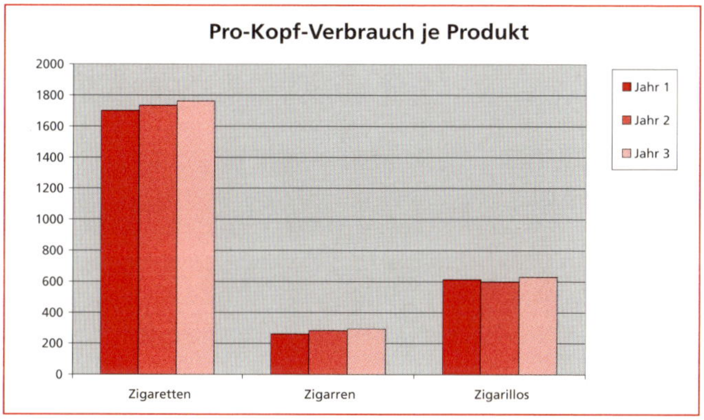

Säulendiagramm (gruppiert nach Jahren)

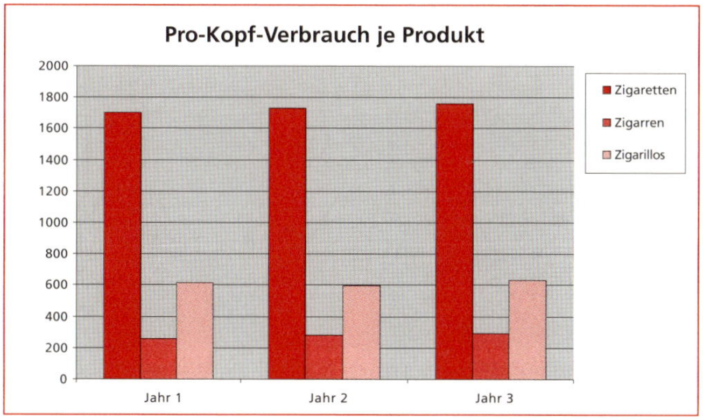

Wird der Pro-Kopf-Verbrauch mit Euro-Beträgen bewertet, dann sind die einzelnen Beträge miteinander vergleichbar und Sie können die Summe aus den drei Produkten je Jahr darstellen:

gestapeltes Säulendiagramm

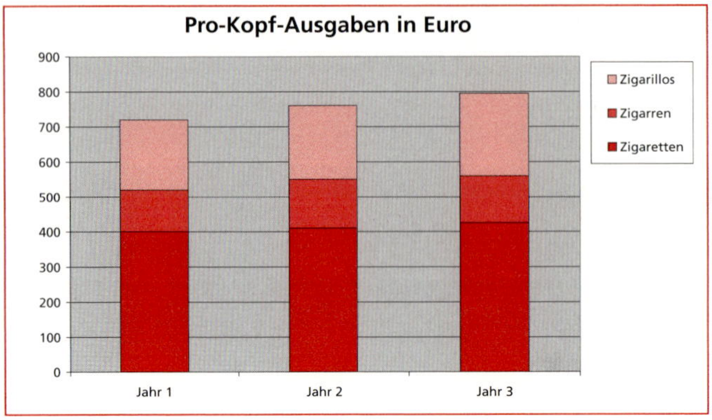

Balkendiagramme

Beispiel

Die vier Industriestaaten Deutschland, Japan, Schweden und Schweiz haben unterschiedliche Pro-Kopf-Einkommen (in Dollar):

Deutschland: 25.120
Japan: 35.620
Schweden: 27.140
Schweiz: 38.140

Stellen Sie diesen Sachverhalt grafisch dar.

Balkendiagramm

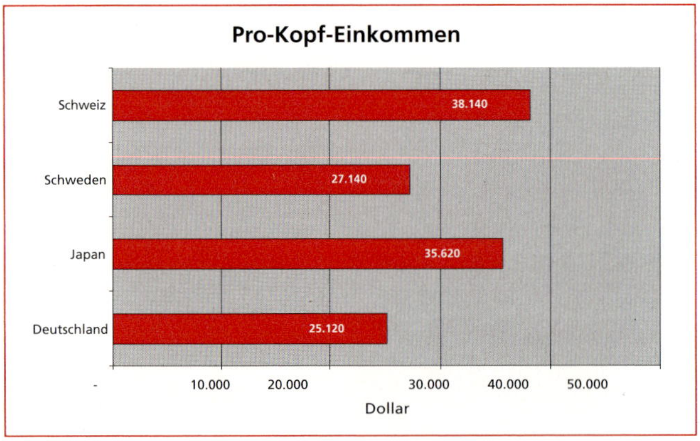

Ein Balkendiagramm unterscheidet sich von einem Säulendiagramm durch die Ausrichtung der Säulen. Horizontale Säulen bezeichnet man als Balken.

Grundsätzlich kann jedes Säulendiagramm auch als Balkendiagramm erstellt werden. Durch die horizontale Ausrichtung des Balkendiagramms wird die Rangfolge stärker betont als beim Säulendiagramm. So wird im Beispiel deutlich, dass die Schweiz das höchste Pro-Kopf-Einkommen hatte und Deutschland das kleinste.

Kreisdiagramme

Beispiel

Weltweit werden inzwischen gut 67 Millionen Hektar Nutzfläche mit gentechnisch veränderten Pflanzen bestellt – eine Fläche fast doppelt so groß wie die Bundesrepublik Deutschland. Der größte Anteil entfällt auf den Anbau von Soja (41,4 Mio. Hektar), gefolgt von Mais (15,4 Mio.), Baumwolle (6,7 Mio.) und Raps (3,5 Mio.).

Grafische Darstellung dieses Sachverhaltes:

Kreisdiagramm

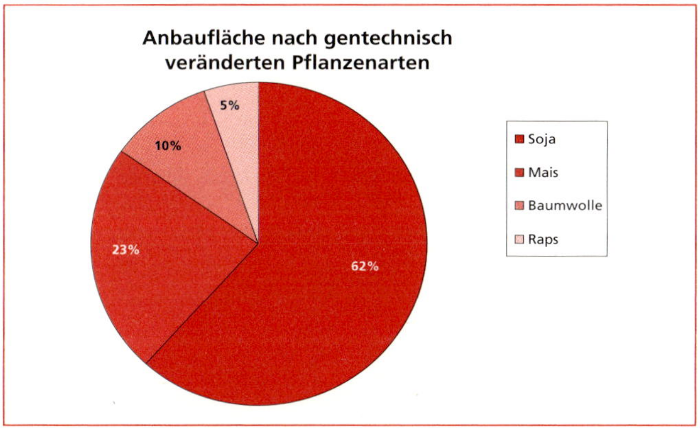

Einsatzmöglichkeiten

- Darstellung der Anteile am Ganzen
- Das prozentuale Verhältnis verschiedener Bereiche soll sichtbar gemacht werden

weitere Beispiele

- verkaufte Fahrzeuge nach Absatzmärkten
- Gesamtkosten nach Kostenarten
- Raucher nach Geschlecht
- Steuereinnahmen nach Steuerarten
- Sitzverteilung im Parlament

Tipps!

Die Segmente dürfen nicht zu klein sein (kleine Teilmengen unter Sonstige zusammenfassen)

Segmente durch Farben, Muster oder Schraffierungen unterscheidbar machen

Liniendiagramme

Beispiel

Nachfolgende Statistik zeigt die Entwicklung der Auslandsschulden von Entwicklungsländern.

(Angaben in Mrd. US-Dollar):

Jahr 1	Jahr 2	Jahr 3	Jahr 4	Jahr 5	Jahr 6	Jahr 7	Jahr 8	Jahr 9	Jahr 10	Jahr 11
2388,4	2412,1	2429,7	2522,9	2562,5	2503,3	2471,4	2533,3	2724,3	2763,0	2830,1

Grafische Darstellung dieses Sachverhaltes:

Liniendiagramm

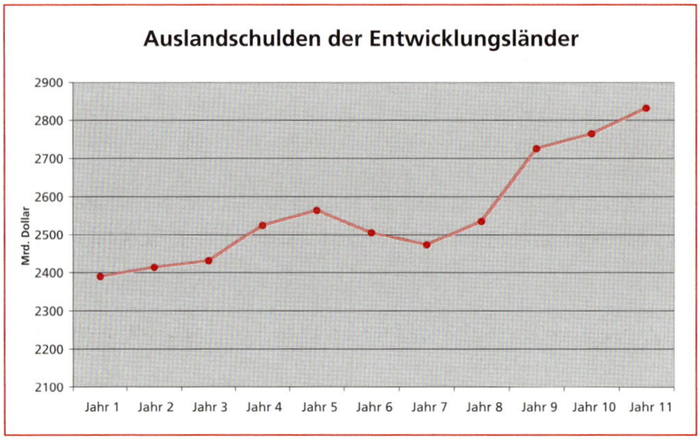

Einsatzmöglichkeiten

- Darstellung von Entwicklungen und Trends
- Veränderungen in einem bestimmten Zeitraum sollen sichtbar gemacht werden

Sobald die Anzahl der Einzelwerte zu groß wird (ab 4–6), sollten Sie vom Säulendiagramm zum Liniendiagramm übergehen.

weitere Beispiele

- Kursentwicklung einer Aktie
- Bevölkerungszahlen eines Landes über einen längeren Zeitraum
- Ausgaben für Forschung über einen längeren Zeitraum
- Entwicklung des Rohölpreises

Blasendiagramm

Beispiel

Ein Unternehmen hat folgende Zahlen für die Anzahl der Mitarbeiter und den erzielten Gewinn (in Tausend Euro) festgehalten:
Jahr 1: 35 Mitarbeiter, Gewinn: 8
Jahr 2: 35 Mitarbeiter, Gewinn: 12
Jahr 3: 30 Mitarbeiter, Gewinn: 14
Jahr 4: 28 Mitarbeiter, Gewinn: 22

Grafische Darstellung des Sachverhaltes:

Blasendiagramm

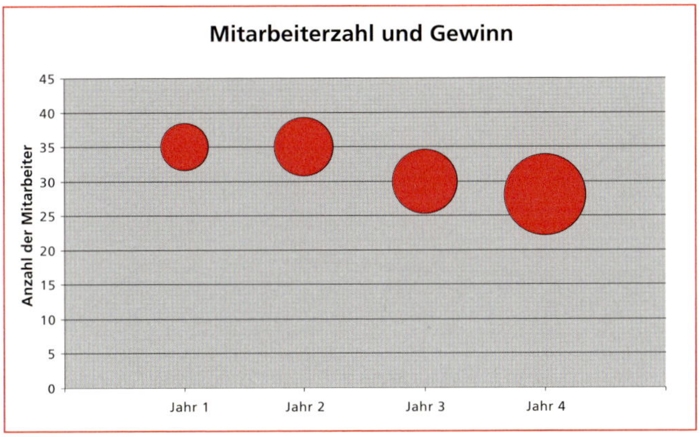

Das Blasendiagramm zeigt die Entwicklung des Unternehmens. Auf den beiden Achsen werden die Jahre und die Anzahl der Mitarbeiter dargestellt. Die Größe der Blasen spiegelt die Höhe des Gewinns wider.

Im Beispiel konnte das Unternehmen den Gewinn steigern (Blasen werden größer), während die Anzahl der Mitarbeiter abnimmt (fallender Verlauf der Blasen).

Einsatzmöglichkeiten

- Darstellung von drei Größen in einem Diagramm
- Veränderung im Zeitablauf

weitere Beispiele

- Pro-Kopf-Einkommen und Steuerlast im Zeitverlauf
- Werbeausgaben und Marktanteil im Zeitablauf
- Anzahl der Zigaretten und Alter im Zeitablauf

Übung

Entscheiden Sie sich bei den nachfolgenden Zahlen für einen geeigneten Diagrammtyp und erstellen Sie ein aussagekräftiges Diagramm.

a) Raucher in Deutschland
22 Mio. Raucher (davon 13,2 Mio. Männer, 8,8 Mio. Frauen)
Raucherquote: Männer: 37%, Frauen: 28%

b) Raucherquote 12- bis 25-Jähriger in Deutschland
Es bezeichnen sich als ständiger oder gelegentlicher Raucher:

Alter in Jahren	12 bis 13	14 bis 15	16 bis 17	18 bis 19	20 bis 21	22 bis 23	24 bis 25
Quote (in %)	10	29	44	46	48	42	43

Befragte insgesamt: 38%.

c) Raucher nach Alter in %

Alter	Männer	Frauen
Insgesamt	37,3	27,9
18–19	53,7	48,4
20–29	47,4	42,6
30–39	49,1	41,0
40–49	40,1	30,9
50–59	31,1	19,7
60–69	18,3	12,0
70–79	16,3	10,0

d) Steuereinnahmen des Bundes in einem Jahr (in Mio. Euro)

Versicherungssteuer	8.326,5
Tabaksteuer	13.778,0
Kaffeesteuer	1.090,7
Branntweinsteuer	2.149,1
Schaumweinsteuer	420,2
Zwischenerzeugnissteuer	30,2
Mineralölsteuer	42.192,5
Stromsteuer	5.096,5
Solidaritätszuschlag	10.403,3
Einfuhrabgaben	4,9
sonstige Bundessteuern	1,7
Bundessteuern insgesamt	83.493,7

e) Entwicklung der Steuerquote (in %) und des durchschnittlichen Gewinns (in Mio. Euro)

Jahr	Steuerquote	Gewinn Mio. Euro
Jahr 1	36	456
Jahr 2	38	756
Jahr 3	43	866

f) Einnahmen des Bundes aus der Tabaksteuer 2000 bis 2004 (Angaben in Mrd. Euro):

Jahr 1/11,9	Jahr 2/12,1	Jahr 3/13,8	Jahr 4/14,1	Jahr 5/13,9

g) Ausgaben für Tabakwaren in Mrd. Euro:

Jahr 1/18,4	Jahr 2/19,2	Jahr 3/19,1	Jahr 4/20,2	Jahr 5/20,4
Jahr 6/21,3	Jahr 7/20,9	Jahr 8/20,2		

5.6 Wie setze ich Sprache und Körper ein?

Der Erfolg einer Präsentation hängt in erster Linie von der vortragenden Person ab. Ihre Rhetorik und körpersprachlichen Fähigkeiten erzielen beim Zuhörer auch bei effektivem Medieneinsatz und optimaler Visualisierung immer noch die größte Wirkung.

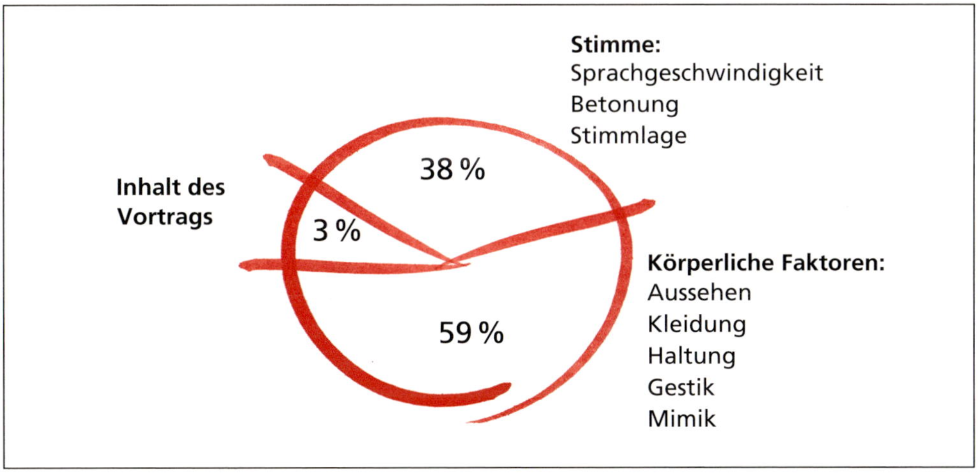

Quelle: Hülpes/Scherer: Betrifft Deutsch/Kommunikation, 1999, S. 28.

Trotz dieser erstaunlichen Erkenntnis sollte Ihnen bewusst sein, dass letztlich das gesamte Paket, also Ausstrahlung des Vortragenden, Medieneinsatz, Visualisierung und gut strukturierter Inhalt, zum Erfolg einer Präsentation beiträgt.

Worauf muss ich als vortragende Person besonders achten?

Der Referent sollte bei der Vorbereitung seines Vortrags drei Schwerpunkte bedenken.

1. Die inhaltliche Struktur (s. 5.3. Wie baue ich meine Präsentation auf?)
2. Verbale Kommunikation (Sprechweise)
3. Nonverbale Kommunikation (Körpersprache)

Inhaltliche Struktur

Den inhaltlichen Aufbau haben Sie bereits bei Erstellung Ihrer Dokumentation vorbereitet. Sie können allerdings Ihre Dokumentation nicht unverändert für Ihre Präsentation übernehmen. Die Sachaussagen und Argumente der schriftlichen Arbeit müssen für ein Publikum interessant gestaltet werden. Bringen Sie dazu Ihre Inhalte auf den Punkt, vereinfachen Sie Sachverhalte, erläutern Sie Fachbegriffe und erklären Sie Grafiken und Zahlenangaben.

Tipps!

Verändern Sie Ihre Dokumentation so, dass Sie daraus einen mitreißenden Vortrag zusammenstellen, indem Sie

- *das Thema klar gliedern*
- *deutlich machen was Sie vermitteln wollen*
- *Fragestellungen entwickeln*
- *anschauliche Beispiele suchen*
- *eine verständliche Wortwahl finden*
- *einen freien Vortrag gewährleisten (s. 5.3 Manuskript)*

Verbale Kommunikation

Wie kann ich an meiner Sprechtechnik arbeiten?

Als guter Redner wird man nicht geboren. Reden halten kann allerdings geübt und dadurch deutlich verbessert werden. Mit Hilfe kleiner Übungen kann das Selbstbewusstsein gesteigert werden und mit der Zeit wird das Präsentieren sicherer und erfolgreicher. Gehen Sie Ihre Übungen mit einem gewissen Spaßfaktor an. Spielerisches Üben bringt mehr Freude und Erfolg. Führen Sie die Aufgaben in Partner- oder Gruppenarbeit durch.

Tipps!

Sprechen Sie möglichst frei

Überlegen Sie, was der Zuhörer erwartet

Benutzen Sie eine einfache, treffende Wortwahl

Benutzen Sie möglichst keine Fremdwörter (keine Fachsprache)

Bemühen Sie sich um ein attraktives Sprechen:
- *Atmung kontrollieren*
- *Variieren Sie Lautstärke und Sprechtempo*
- *Behalten Sie Blickkontakt*
- *Achten Sie auf variable Betonung*

Übung

1. Für **Atemtechnik, Lautstärke, Stimmlage und Tempovariationen** eignen sich Leseübungen.

   - Lesen Sie einen Zeitungsartikel vor
   - Tragen Sie das folgende Gedicht (Goethe; Talisman) vor

   Im Atemholen sind zweierlei Gnaden:
   Die Luft einziehen, sich ihrer entladen.
   Jenes bedrängt, dieses erfrischt;
   So wunderbar ist das Leben gemischt.
   Du, danke Gott, wenn er Dich presst,
   und dank Ihm, wenn er Dich wieder entlässt.

   (Quelle: Johann Wolfgang von Goethe, Talisman, in: West-östlicher Divan, 1982)

   Beachten Sie beim Vorlesen:
   - Von Satz zu Satz die Lautstärke wechseln
   - Variieren Sie das Sprechtempo
   - Betonen Sie die Vokale
   - Aus- und Einatmen nach jeder Zeile

2. Häufig wird zu schnell gesprochen, was vor allem bei schwierigen Wörtern problematisch werden kann. Mit den folgenden Wortspielen können Sie **langsames und deutliches Sprechen** üben

   - Fischers Fritze fischt frische Fische, frische Fische fischt Fischers Fritz.
   - Blaukraut bleibt Blaukraut, und Brautkleid bleibt Brautkleid.
   - Im dichten Fichtendickicht nicken dicke Finken tüchtig, dicke Finken nicken im dichten Fichtendickicht tüchtig

3. Lesen Sie die beiden Texte über das Ultrakurzzeitgedächtnis laut vor.

Text 1:
Die Tatsache, dass das Ultrakurzzeitgedächtnis wie ein Arbeitsspeicher funktioniert und nur eine begrenzte Aufnahmefähigkeit hat, wie ja durch einige Studien belegt wurde, hat zur Folge, dass Informationen in Sätzen mit einer Länge von mehr als acht Sekunden für den Zuhörer schwer zu erfassen sind.

(Quelle: Kürsteiner, Reden, 1999, S.65.)

Text 2:
Studien haben bewiesen, dass das Ultrateilzeitgedächtnis eine begrenzte Aufnahmefähigkeit hat. Die Folge davon ist, dass Inhalte von Sätzen über acht Sekunden Länge nur schwer erfasst werden können.

(Quelle: Kürsteiner, Reden, 1999, S.65.)

Welche Fassung spricht den Zuhörer eher an?
Diskutieren Sie in der Gruppe was im Vergleich der beiden Texte auffällt.
Was können Sie daraus schließen?

4. Halten Sie einen Kurzvortrag von 2–4 Minuten. Bei der Art des Vortrags lassen Sie Ihrer Fantasie freien Lauf.
   - Erklären Sie einen Begriff
   - Stellen Sie einen Freund vor
   - Beschreiben Sie Ihr Hobby
   - Stellen Sie ein Buch vor

   Wichtig ist, dass Sie vor dem jeweiligen Vortrag genügend Zeit zum Vorbereiten haben.

Ein gutes Hilfsmittel für eine Analyse sind Videoaufnahmen während des Vortrags.

Bei den ersten Vortragsanalysen bietet es sich an, den Vortragenden zunächst frei, d.h. ohne Vorgaben zu beurteilen. Gerade das Betrachten der ersten Videoaufnahmen ist ungewohnt und manchmal auch unangenehm. Seien Sie deshalb bei der Kritik untereinander behutsam, denn Kritik an Sprache, Gestik und Mimik beinhaltet persönliche Komponenten und kann verletzen.

Nach einer Eingewöhnungszeit können die Analysen nach einem Beobachtungsraster erfolgen.

Nonverbale Kommunikation

Sie vermitteln den Inhalt Ihres Vortrags nicht nur mit Worten, sondern auch mit Ihrem Körper. Stimmt die Körpersprache nicht mit Ihrer (hoffentlich) positiven Grundeinstellung zum Inhalt überein, nimmt der Zuhörer dies sehr schnell wahr. Jeder sendet körpersprachliche Signale, die man sich bewusst machen sollte. Lernen Sie, diese gezielt einzusetzen.

Zur Körpersprache gehören folgende Signale

- **Mimik** (Gesichtsausdruck, z.B. Stirnfalten, Mundwinkel heben)
- **Gestik** (Arm- und Handbewegungen, oft wortbegleitend)
- **Körperhaltung**
- **Proxemik** (Bewegen im Raum)

Mit Hilfe der Körpersprache können Sie zusätzlich Spannung und Interesse des Zuhörers wecken.

Wichtig ist, dass Sie Ihr Thema beherrschen und mit Freude an Ihre Präsentation gehen. Diese Stimmung drückt sich automatisch in Ihrer Körpersprache aus. Nachfolgende Beispiele und Übungen dienen dazu, nonverbale Signale zu erkennen, einzuordnen und gezielt einzusetzen.

Beispiele

für richtigen bzw. falschen Einsatz des Kommunikationsmittels Körpersprache während einer Präsentation:

Wohin mit den Händen?
Das Problem taucht bei Referenten immer wieder auf.
Die Beispiele auf den Fotos zeigen unvorteilhafte Haltungen.

→ Arme vor dem Oberkörper verschränkt wirkt verkrampft und schränkt die Körpersprache ein.

→ Hände hinter dem Rücken halten wirkt wie ein Fußballspieler auf einem Mannschaftsfoto. Schränkt die Körpersprache ein, und erscheint bei entsprechender Kopfhaltung überheblich.

→ Hände in der Hosentasche. Dies macht einen zu legeren, teilweise teilnahmslosen Eindruck

Oberkörper aufrecht, offene Arme in Hüfthöhe gewinkelt und dazu ein freundlicher Gesichtsausdruck vermitteln Sicherheit und Sympathie.

Körperhaltung mit Stichwortkarte

→ So nicht! Karte mit beiden Händen tief halten und Blick nach unten vermitteln Unsicherheit. Der Blickkontakt zum Publikum wird vermieden.

→ Die Karte in einer Hand mit angewinkeltem Arm locker halten. Die andere Hand leicht hängen lassen oder leicht und locker mit bewegen.

Körperhaltung beim Zeigen

Beim Einsatz von Medien wie Flip-Chart, OH-Folien oder Meta-Plan-Wand sollten Sie darauf achten, dass Sie Ihren Blick zum Publikum richten (nicht zur Wand). Stehen Sie nicht vor dem Medium, sondern daneben, um die Sicht nicht zu verdecken.

Was sollte ich für eine wirkungsvolle Rede einsetzen?

Alle drei Komponenten Inhalt, Sprache und Körpersprache richtig eingesetzt, machen einen guten Referenten aus.

Tipps!

Mimik	*Mit Ihrem Gesichtausdruck vermitteln Sie Ihre Einstellung zu Ihrem Thema.* *➜ Seien Sie möglichst freundlich und offen. Mit einem Lächeln zeigen Sie automatisch Begeisterung für Ihre Präsentation.*
Gestik	*Mit kleinen Handbewegungen können Sie wichtige Aussagen untermauern (Einsatz zwischen Schultern und Hüfte)* *➜ Verstecken Sie nicht Ihre Hände.*
Körperhaltung	*Stehen Sie aufrecht und gerade. Sie zeigen damit Selbstbewusstsein und Sicherheit.* *➜ Erstarren Sie nicht in einer Pose.*

Proxemik	*Stellen Sie sich in angemessenem Abstand vor Ihr Publikum.* *➜ Verstecken Sie sich nicht hinter Barrieren (Pult, Tisch, PC)* *➜ Stellen Sie sich in die Nähe der zu bedienenden Medien, um weite Laufwege zu vermeiden.* *➜ Versperren Sie nicht den Blick zur Leinwand oder zur Tafel.*

Stellen Sie sich nach den Übungen wichtige Punkte zusammen, die Sie persönlich bei Ihrer Präsentation besonders beachten wollen.

Übungen

1. Beim Menschen existieren Ausdrucksformen für Gesichtsemotionen, die genetisch fixiert, aber nicht immer eindeutig sind. Versuchen Sie folgende Emotionen den vorliegenden Skizzen **(A–F)** zuzuordnen (mimische Merkmale) und diskutieren Sie mit den Mitschülern Ihre Entscheidung:

   Interesse (Erregung), Freude, Überraschung, Kummer, Zorn, Ekel

A 

B 

C 

D 

E 

F 

Lösungsvorschläge finden Sie auf der CD.

2. Versuchen Sie Emotionen (Ärger, Freude, Schreck, Angst, Wut, Verlegenheit, Verwirrung usw.) durch Mimik, Gestik oder Körperbewegungen darzustellen. Die Zuschauer sollen die Stimmung erraten.

   Erörtern Sie, woran Sie eine Emotion erkannt haben.

3. Interpretieren Sie die nonverbalen Signale der vorliegenden Fotos auf dieser und der nächsten Seite und ordnen Sie diese folgenden möglichen Emotionen zu:

   Drohung – Unsicherheit – Nachdenklichkeit – Erschrecken – Wut

   Vergleichen und diskutieren Sie Ihre Ergebnisse mit Ihren Mitschülern.

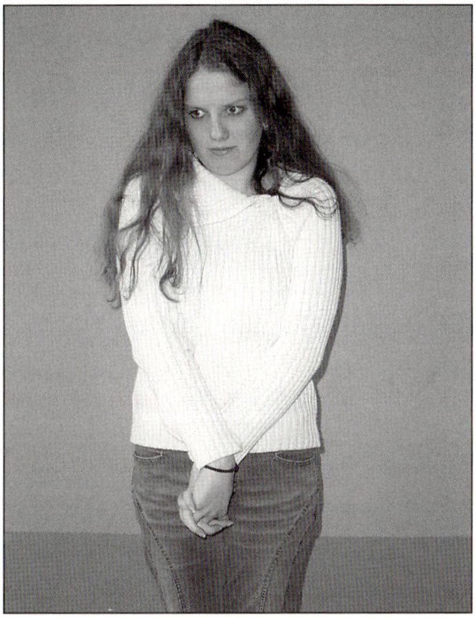

5.8 Hilfe – ich bin nervös!

Wie fühlen Sie sich, wenn Sie wissen, dass Sie vor einem Publikum etwas vortragen müssen? Beunruhigt oder gar verängstigt? Seien Sie unbesorgt, das ist nicht ungewöhnlich. Die meisten Personen haben ähnliche Befürchtungen davor

- Nicht zu wissen, was man sagen soll
- Keine Worte zu finden
- Den Faden zu verlieren
- Wichtiges zu vergessen
- Zu langweilen
- Ausgelacht zu werden

Wie kann ich Lampenfieber abbauen?

Sie können für sich Strategien entwickeln, um Ängste abzubauen. Allerdings sollten Sie sich nicht ganz ruhigstellen, denn eine leichte Anspannung steigert Konzentration und Leistungsfähigkeit.

Übermäßige Anspannung und Verkrampfung vor einem Vortrag drücken sich häufig durch folgende Symptome von Lampenfieber beim Vortragenden aus.

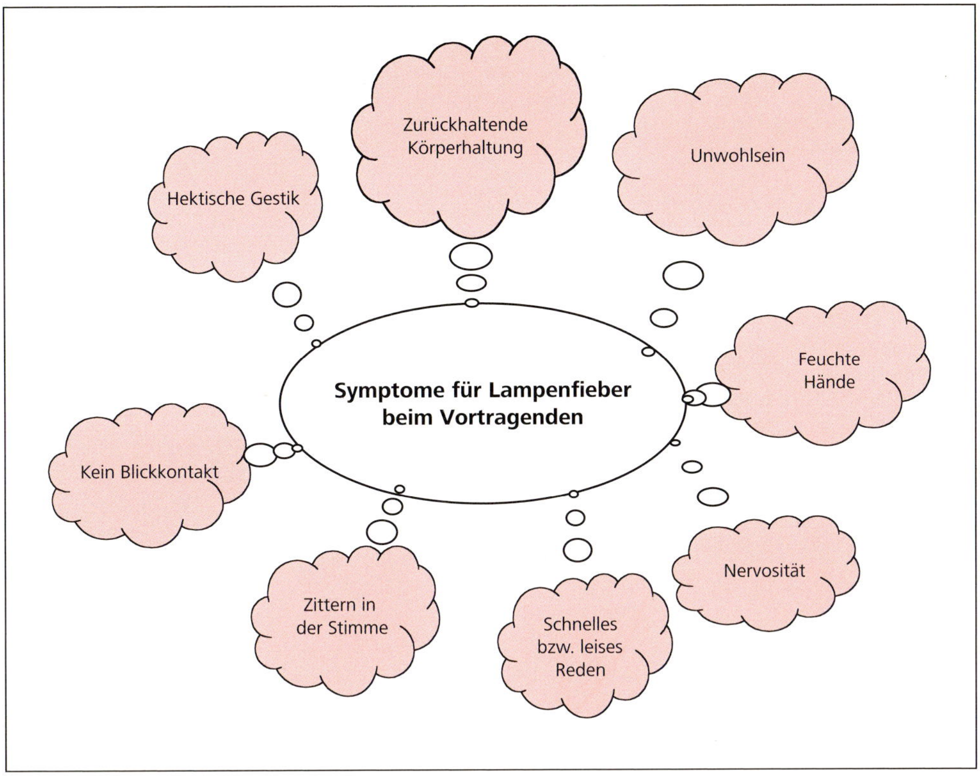

Übung

Beantworten Sie folgende Fragen schriftlich:

- Welche Symptome treten bei mir vor einem Vortrag auf?
- Welche Symptome treten bei mir während eines Vortrags auf?
- Was sind die Hauptursachen für diese Symptome?

Wie kann ich solche Symptome einschränken?

Zum Abbau von Lampenfieber bei Präsentationen bieten sich drei Strategien an.

- **Eine gute Vorbereitung**
- **Eine positive Einstellung entwickeln**
- **Zur Übung jede Gelegenheit zum Vortragen nutzen**

Für eine **gute Vorbereitung** wurden Ihnen in diesem Kapitel schon einige Tipps gegeben. Wenn Sie sich über die nachfolgend aufgeführten Kriterien für eine gute Präsentation Gedanken gemacht haben, ist ein entscheidender Schritt für einen erfolgreichen Vortrag getan.

- Zielorientierung
- Zuhörer
- Aufbau und Struktur
- Medien
- Visualisierung
- Rhetorik

Machen Sie zur Sicherheit noch eine Generalprobe und werfen Sie Ihr Konzept kurz vor der Präsentation nicht mehr um.

Um sich eine **positive Einstellung** zu verschaffen, bieten sich kleine Übungen von Präsentationssequenzen (evtl. mit Videoaufnahmen) an. Sie werden bemerken, dass Sie auf andere gar nicht negativ wirken und dass kleine Fehler nicht dramatisch, sondern menschlich sind. Beobachten Sie sich selbst, achten Sie gezielt auf Gestik, Mimik, Körperhaltung und Sprechweise. Tipps hierzu erhalten Sie in den Kapiteln Rhetorik und Bewertung.

Wie stelle ich mich kurz vor der Präsentation positiv ein?

Tipps!

Atmen Sie mehrmals tief durch

Machen Sie kleine Sprechproben

Formulieren Sie Ihren ersten Satz

Bauen Sie sich im Team gegenseitig auf („Wir schaffen es! Wir sind die Experten!")

Treten Sie mit einem Lächeln auf

Fangen Sie langsam an

5.8 Bewertungskriterien der Präsentation

Sie haben gesehen, dass eine erfolgreiche Präsentation von vielen unterschiedlichen Faktoren abhängt:

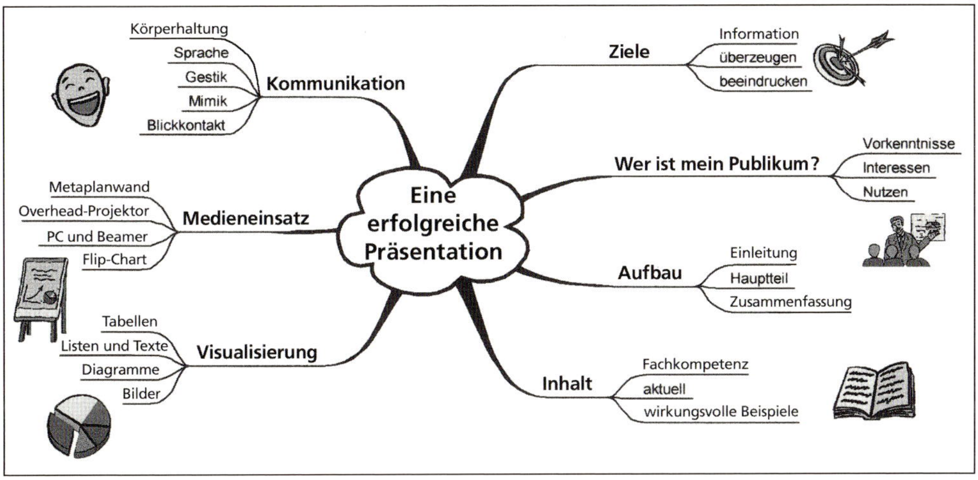

Deshalb stellt die Bewertung einer Präsentation auch hohe Anforderungen an die Bewertenden.

Die Autoren dieses Buches bewerten z.B. die Präsentationsleistung der Seminarkursteilnehmer in folgenden drei Bereichen:

Aufbau und Inhalt	Visualisierung und Medieneinsatz	Persönlichkeit (Mimik, Gestik, Sprache)

Die Fragen zu den drei Bereichen sollen Ihnen eine genauere Vorstellung davon vermitteln, worauf es bei einer Präsentation ankommen kann.

Aufbau und Inhalt

- Ist der Aufbau systematisch und zielgerichtet?
- Ist ein roter Faden klar erkennbar?
- Sind die Aussagen sachlich richtig?

- Wird die Problemstellung deutlich?
- Ist die Argumentation schlüssig?
- Sind Haupt- und Nebenaspekte angemessen gewichtet?
- Werden anschauliche Beispiele eingesetzt?
- Werden Fachbegriffe verwendet und verständlich erklärt?
- Ist die Wortwahl insgesamt angemessen und verständlich?

Visualisierung und Medieneinsatz

- Werden die Medien richtig bedient?
- Ist der Medieneinsatz insgesamt angemessen?
- Werden die Inhalte durch die Visualisierungen anschaulicher?
- Sind die Tabellen übersichtlich?
- Sind die Diagramme aussagekräftig?
- Werden Farben sinnvoll eingesetzt?

Persönlichkeit

- Wird der Vortrag weitgehend frei gehalten?
- Wird Blickkontakt zu den Zuhörern gesucht?
- Ist der Vortrag sicher und flüssig?
- Ist der Vortrag angemessen in Lautstärke und Betonung?
- Wie ist die Körperhaltung?
- Ist der Referent glaubwürdig?
- Können die Zuhörer begeistert werden?
- Wird bei Präsentationen im Team partnerschaftlich präsentiert?

Tipps!

Bewerten Sie sich bei Übungspräsentationen immer wieder gegenseitig!

Keine Angst vor der Kritik der anderen. Sie helfen sich damit gegenseitig auf dem Weg zum professionellen Präsentieren.

6 Kolloquium

6.1 Was ist ein Kolloquium?

Sind Sie bereit den letzten Baustein des Seminarkurses kennen zu lernen? Wie Sie zu Beginn erfahren haben, besteht ein Viertel der Endnote aus der Bewertung des Kolloquiums.

Was ist überhaupt ein Kolloquium?

Im Wörterbuch findet sich unter dem Begriff Kolloquium die Erklärung „wissenschaftliches Gespräch zu Lehrzwecken".

Der Leitfaden für die Oberstufe beruflicher Gymnasien enthält folgende Hinweise:

„Der Seminarkurs wird am Ende des zweiten Halbjahres mit einem Kolloquium abgeschlossen. Hierzu können auch Gruppen von Schülern gebildet werden. Das Kolloquium dauert pro Schüler und Schülerin etwa 20 bis 30 Minuten."

(Quelle: LM Kultus Baden-Württemberg, http://www.leu.bw.schule.de/bild/BGVo.pdf)

Das Kolloquium ist demnach ein Prüfungsgespräch zwischen dem oder den Leiter(n) des Seminarkurses und dem Seminarkursteilnehmer bzw. einer Gruppe von Seminarkursteilnehmern.

- Wie läuft dieses Kolloquium im Rahmen eines Seminarkurses ab?
- Welche Inhalte hat dieses Prüfungsgespräch?
- Wie kann ich mich darauf vorbereiten?
- Welche Kriterien werden für die Bewertung herangezogen?

Diese Fragen sollen im folgenden Kapitel beantwortet werden.

Die Vorgaben für den Ablauf des Kolloquiums sind gering gehalten. Deshalb kann es durchaus Unterschiede in der praktischen Durchführung an den einzelnen Schulen geben. Einfacher ist es deshalb zunächst zu erläutern, was ein Kolloquium **nicht** ist: Ein Kolloquium ist kein reines Abhören von Faktenwissen.

Das Kolloquium ist vielmehr ein Prüfungsgespräch, in dem es inhaltlich um Ihre Dokumentation innerhalb des Rahmenthemas des Seminarkurses geht. Darüber hinaus kann es in diesem Gespräch aber auch um den Prozess der Dokumentationserstellung und um den Seminarkurs allgemein gehen.

6.2 Wie kann ich mich auf das Kolloquium vorbereiten?

Ein Gespräch ist dadurch gekennzeichnet, dass man nicht zuverlässig vorhersagen kann, wie sich das Gespräch entwickelt. Diese Ungewissheit über den Verlauf eines Gesprächs ist auch für das Kolloquium typisch.

Wovon hängt der Gesprächsverlauf des Kolloquiums ab?

- vom Thema
- vom Seminarkursleiter
- von den anderen Seminarkursteilnehmern
- von Ihrem Gesprächsverhalten
- von Ihren Zielen und Motiven (z.B. Note)
- vom Zeitpunkt
- vom Ort

Die vielfältigen Einflussfaktoren und der offene Charakter des Kolloquiums machen es erforderlich, sich gezielt auf dieses Gespräch vorzubereiten. Die Vorbereitung ist sicher schwieriger als beispielsweise die Vorbereitung auf das Abfragen spanischer Vokabeln.

Dennoch gibt es auch für die Vorbereitung eines Kolloquiums einige Grundregeln, die Sie beachten sollten, um sicher und selbstbewusst in das Prüfungsgespräch zu gehen.

Nervosität in den Griff bekommen

Die meisten Menschen sind vor einem Prüfungsgespräch aufgeregt und nervös. Das ist völlig normal. Ein gewisses Maß an Nervosität erhöht die Aufmerksamkeit und steigert die Leistungsfähigkeit. Ist dieses Maß allerdings überschritten, verkehrt es sich leicht ins Gegenteil. Überhöhte Nervosität blockiert und Sie können ihre wahren Fähigkeiten nicht mehr unter Beweis stellen.

Was können Sie dagegen machen?

Gehen Sie ruhig davon aus, dass Ihr Gegenüber durchaus Verständnis für eine gewisse Aufgeregtheit mitbringt. Jeder Lehrer weiß, dass es Schüler gibt, die mit großer Nervosität in ein Prüfungsgespräch gehen.

Hier einige Tipps, wie Sie Ihre Nervosität vor dem Prüfungsgespräch in den Griff bekommen können.

Tipps!

Schlafen Sie die Nacht zuvor ausreichend, um ausgeruht zu sein

Nehmen Sie sich ausreichend Zeit, damit Sie nicht abgehetzt zum Kolloquium erscheinen

Vermeiden Sie aufputschende Getränke (wie z.B. Kaffee), die Ihre Nervosität nur noch steigern

Sprechen Sie vorher mit Ihren Mitschülern: Die Nervosität sinkt, sobald man beschäftigt ist und dadurch abgelenkt wird

Atmen Sie kurz vor Beginn tief durch

Sprechen Sie zu Beginn des Gesprächs Ihre Aufgeregtheit kurz an, das baut diese ab

Die eigene Rolle kennen

Gespräche lassen sich in symmetrische und asymmetrische Gespräche unterscheiden.

Bei einem symmetrischen Gespräch sind die Gesprächsteilnehmer absolut gleichberechtigt. Jeder Gesprächsteilnehmer kann unter Beachtung vereinbarter Regeln jederzeit in das Gespräch eingreifen, Themen bestimmen und Fragen stellen.

Ist die Rollenverteilung der Gesprächsteilnehmer bezüglich der Gestaltung des Gesprächs festgelegt, spricht man von einem asymmetrischen Gespräch.

Ein klassisches Beispiel eines asymmetrischen Gesprächs ist eine Zeugenbefragung vor Gericht. Der Richter bestimmt den Ablauf des Gesprächs, indem er Fragen stellt und den Zeugen auffordert, zu bestimmten Ereignissen Stellung zu nehmen. Zwar kann auch der Zeuge in einem gewissen Rahmen in das Gespräch eingreifen, aber seine Möglichkeiten sind eindeutig begrenzt. Der Richter lenkt und steuert das Gespräch. Für den Zeugen ist es wichtig, seine Rolle in einer Zeugenbefragung zu kennen. Verhält er sich nicht wie für einen Zeugen angemessen, muss er mit einer Zurechtweisung durch den Richter rechnen.

Was für eine Art Gespräch ist nun das Kolloquium?
Welche Rolle haben Sie zu übernehmen?

Ein Kolloquium enthält sowohl symmetrische als auch asymmetrische Elemente.

Unbestritten bestimmt zunächst der Seminarkursleiter den Ablauf des Gesprächs, indem er Ihnen Fragen stellt oder Sie auffordert zu einem Sachverhalt Stellung zu nehmen. Insofern ist es berechtigt, von einem asymmetrischen Gespräch zu sprechen. Ihre Rolle beschränkt sich allerdings nicht nur auf die Beantwortung der Fragen (wie bei einer Zeugenbefragung), sondern von Ihnen wird, stärker als Sie es vielleicht bisher gewohnt sind, eine aktive Gesprächsgestaltung erwartet.

Sie haben sich über Wochen mit dem abgesprochenen Thema (z.B. Jugend und Rauchen) beschäftigt und sind so zu einem Experten geworden. Nun sollen Sie dies im Kolloquium auch unter Beweis stellen. Je stärker Sie im Verlauf des Prüfungsgesprächs zu einem gleichberechtigten Gesprächspartner werden, desto besser erfüllen Sie die Erwartungen an Ihre Rolle im Kolloquium und desto besser wird auch Ihre Bewertung ausfallen.

Die Anforderungen richtig einschätzen

Im Zentrum des Kolloquiums steht Ihre Dokumentation. Die Seminarkursleiter gehen davon aus, dass Sie sich mit Ihrem Thema intensiv auseinandergesetzt haben und kompetent dazu Stellung nehmen können. Die Seminarkursleiter werden Sie deshalb verstärkt mit so genannten offenen Fragen konfrontieren. Während geschlossene Fragen die Antworten oft auf ein Wort einschränken, lassen offene Fragen dem Befragten mehr Spielraum zur Beantwortung. Sie können auf diese Weise Inhalt und Intention der Antwort selbst steuern.

Beispiel

Seminarkurs Phänomen Rauchen
Dokumentation „Jugendsünde Rauchen – AusWegLos!?“

Geschlossene Frage:
„Wie viel Prozent der Jugendlichen beginnen vor 14 mit dem Rauchen?"

Offene Frage:
„Wie ist der hohe Prozentsatz jugendlicher Raucher zu erklären?"

Offene Fragen prüfen einerseits zwar Wissen ab, sind aber andererseits auch geeignet das Gespräch in Gang zu bringen, Prozesse anzuregen und Stellungnahmen und Argumente herauszufordern.

Wenn Sie jetzt einen konkreten Fragenkatalog erwarten, werden Sie enttäuscht. Die konkreten Fragen hängen vom Thema Ihrer Dokumentation und von Ihren Seminarkursleitern ab. Trotzdem gibt es unterschiedliche Arten von Fragen, derer sich die Seminarkursleiter im Kolloquium bedienen können.

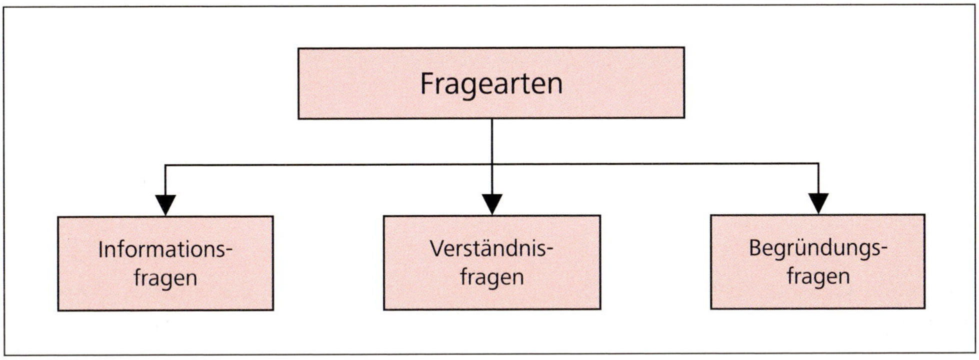

Wir möchten Ihnen am Beispiel des Ihnen inzwischen wohlbekannten Seminarkurses Phänomen Rauchen und der Dokumentation „Jugendsünde Rauchen – AusWegLos!?" einige Frageformen und deren Intention vorstellen.

Informationsfragen

Informationsfragen dienen dazu herauszufinden, ob Sie sich in ihrem Thema auskennen und die wichtigsten Fakten beherrschen.

Beispiel

- Welche Motive haben Jugendliche für das Rauchen?
- Wie versucht der Staat Jugendliche vor dem Rauchen zu schützen?
- Wie sind sie an die Informationen für ihre Dokumentation gekommen?

Tipp!

Erstellen Sie ein Mindmap von ihrer Dokumentation und prägen Sie sich dieses Bild ein.

Verständigungsfragen

Häufig verwenden Sie in Ihrer Dokumentation Begriffe, die einer näheren Erläuterung bedürfen. Die Seminarkursleiter nutzen diese Begriffe für so genannte Verständnisfragen, weil sie die Bedeutung des Begriffs hinterfragen. Sie klären, ob Sie die Bedeutung des Begriffs verstanden haben und sinnvoll erläutern können.

Beispiel

- Inwiefern betrachten Sie den Schutz Jugendlicher vor dem Rauchen als unzureichend?
- Was meinen Sie genau, wenn Sie von einer Gefahr für die Gesellschaft sprechen?

Tipp!

Schreiben Sie drei Kernaussagen Ihrer Arbeit auf ein Blatt und erläutern Sie diese Aussagen.

Begründungsfragen

Begründungsfragen prüfen Sachverhalte auf ihre Plausibilität. Sie dienen dazu zu erkennen, ob Sie die Probleme tatsächlich verstanden haben und sinnvolle Lösungsansätze bieten können.

Beispiel

- Warum fördert die Zigarettenindustrie Rauchfrei-Programme für Jugendliche? Ist das kein Widerspruch?
- Wieso ist der Anteil der Mädchen bei den 12- bis 15-jährigen Rauchern höher als bei den Jungen?

Tipp!

Geben Sie Ihre Dokumentation einem Unbeteiligten (Freund, Bruder, Schwester, Vater, Mutter ...) und lassen Sie ihn drei (Wieso? Weshalb? Warum?) Fragen stellen.

Können Sie diese Fragen zur Zufriedenheit beantworten?

Die Fragen im Kolloquium müssen sich nicht zwangsläufig auf den Inhalt der Dokumentation beziehen. Sie können sich auch auf den Prozess der Dokumentationserstellung, die angewandten Methoden oder den Seminarkurs an sich beziehen.

Beispiel

- Wie sind Sie vorgegangen, um an relevante Informationen zu kommen?
- Welche Probleme sind dabei aufgetreten?
- Was würden Sie beim nächsten Mal anders machen?
- Wie haben Sie die Teamarbeit organisiert?
- Wie war ihr Zeitmanagement?
- Würden Sie den Seminarkurs nochmals wählen?
- Machen Sie Verbesserungsvorschläge für den Ablauf des Seminarkurses!

Mit Argumenten überzeugen

Sie können nun ungefähr abschätzen, was Sie im Kolloquium erwartet und was im Kolloquium von Ihnen erwartet wird. Das Wissen um die Erwartungen ist eine Sache, die Erfüllung dieser Erwartungen eine andere.

Wie müssen Sie sich im Kolloquium verhalten, um den Anforderungen gerecht zu werden und letztlich eine gute Note zu erhalten? Wie können Sie Ihre Seminarkursleiter überzeugen, dass Sie sich intensiv mit Ihrer Dokumentation und dem Seminarkurs beschäftigt haben?

Guten Argumenten kann sich niemand verschließen. Deshalb ist es für Sie entscheidend, dass Sie in dem Gespräch gut argumentieren.

Argumente können sich auf verschiedene Grundlagen beziehen. Sie sollten immer zielbezogen, plausibel und nachvollziehbar sein. Oft verwendet man auch so genannte Argumentationsketten, also mehrere Argumente nacheinander, die logisch aufeinander aufbauen.

Fakten

Fakten sind allgemein anerkannte und nachprüfbare Sachverhalte. So gilt es beispielsweise als allgemein anerkannt, dass

- sich die Weltbevölkerung in den letzten 30 Jahren verdoppelt hat
- im Wasser Sauerstoff vorkommt,
- bei steigenden Preisen die Nachfrage sinkt
- unsere Rohstoffvorkommen begrenzt sind
- Rauchen ein Gesundheitsrisiko darstellt

Mit Fakten können Sie Ihre Aussagen untermauern. Dennoch ist hier Vorsicht geboten. Wenn Sie versuchen Gerüchte oder Halbwahrheiten als Fakten zu verkaufen, können Ihre Argumente leicht widerlegt werden.

Beispiel

Es steht fest, dass Nichtraucher willensstärker sind als Raucher.

Nachfolgend finden Sie Auszüge aus Kolloquiumsgesprächen aus dem Seminarkurs Phänomen Rauchen, bei denen die Schüler mit Fakten argumentieren:

(Seminarkursleiter L, Seminarkursteilnehmer T)

Beispiel

L: Wie schätzen Sie die Auswirkungen des Rauchens auf Sportler ein?

T: Tabakkonsum ist für Sportler schädlich. (Aussage)

Die Muskelkraft nimmt um 10% ab, da weniger Sauerstoff
zu den Muskeln gelangt. *(Fakt als Argument)*

L: Welche Rolle spielt das Nikotin?

T: Nikotin gilt als schnell süchtig machende Droge. (Aussage)

Beim Rauchen gelangt das Nikotin in die Lunge und von dort ins Blut.
Die Nikotinmoleküle erreichen binnen weniger Sekunden das Gehirn,
heften sich an die Nervenzellen und beeinflussen deren Aktivität.
(Fakt als Argument)

Eigene Erfahrungen

Eigenen Erfahrungen haftet zwar der Makel fehlender Objektivität an, sie stellen aber durchaus eine Möglichkeit dar, bestimmte Aussagen glaubhaft zu untermauern.

Beispiel

L: Beschreiben Sie Wege aus der Abhängigkeit

S: Es gibt die Möglichkeit über Medikamente, über Einzeltherapien und über Gruppentherapien

L: Wie beurteilen Sie die Wirkung von Medikamenten?

S: In der Vergangenheit haben sich zwei Präparate durchgesetzt:
Das Kaugummi und das Pflaster (Aussage)

Wie ich selbst bei meinen Versuchen mit dem Rauchen aufzuhören festgestellt habe,
wird die Wirkung dieser Präparate allerdings deutlich überschätzt.
(Erfahrungsargument)

Beispiele

Bei einem Beispiel versuchen Sie ihren Gesprächspartner mit einem geeigneten Einzelfall zu überzeugen und so Ihre Aussage zu stützen. Beispiele haben den großen Vorteil, dass sie plastisch und eingängig sind. Eine wichtige Voraussetzung für die Wirksamkeit ist allerdings, dass das Beispiel auch wirklich zu der Aussage passt.

Beispiel

L: Welche Rolle spielen die Krankenkassen?

S: Erwartungsgemäß sind die Krankenkassen ein entschiedener Gegner des Rauchens. Sie versuchen über regelmäßige Kampagnen Einfluss auf das Rauchverhalten Jugendlicher zu nehmen. (Aussage)

Zusammen mit dem Institut für Therapieforschung in Kiel haben die Betriebskrankenkassen im Schuljahr 2003/04 einen Wettbewerb unter dem Motto „be smart – don't start" ins Leben gerufen. Dieser Wettbewerb richtet sich direkt an Schulklassen. *(Beispielargument)*

Statistik

Eine weitere Möglichkeit im Gespräch zu überzeugen, ist die Argumentation mit Zahlen. Zahlen haben einen objektivierenden Charakter und wirken wissenschaftlich und rational. Falls Sie in ihrer Dokumentation bereits mit Statistiken gearbeitet haben, bereiten Sie diese Zahlen für das Kolloquium gut vor, um entsprechende Aussagen durch Zahlen bekräftigen zu können. Ansonsten machen Sie sich auf die Suche, um Ihre zentralen Aussagen durch Zahlen belegen zu können. Aber auch hier gilt: Vorsicht! Nur wenn die Quellen der Zahlen zuverlässig und nachvollziehbar sind, sollten Sie die Ergebnisse für Ihre Argumentation nutzen. Ansonsten laufen Sie auch hier Gefahr, dass Ihr Argument angezweifelt oder gar widerlegt wird.

Beispiel

L: Was können Sie über die Wirksamkeit der Entwöhnungsmethoden sagen?

S: Am wirksamsten ist die Kombination verschiedener Methoden. (Aussage)

So haben in 9 von 10 Fällen Nichtraucherkurse kombiniert mit dem Einsatz eines Nikotinersatzmittels (z.B. Kaugummi) zum Erfolg geführt, während reine Nichtraucherkurse nur in 7 von 10 Fällen zum Erfolg geführt haben. *(Statistikargument)*

L: Gibt es Auswirkungen auf die schulischen Leistungen von Rauchern?

S: Natürlich, Raucher sind insbesondere beim Schulsport benachteiligt. (Aussage)

So absolvieren Nichtraucher beim Cooper-Test (in 12 Minuten möglichst große Wegstrecke zurücklegen – Anm. der Autoren) durchschnittlich 2613 m, während leichte Raucher nur 2518 m und starke Raucher gar nur 2253 m erreichen. *(Statistikargument)*

Prognosen

Eine Prognose ist eine Vorhersage der Zukunft. Sie argumentieren dabei mit „Wenn-dann"-Formulierungen: Wenn bestimmte Voraussetzungen vorliegen, dann wird eine bestimmte Situation eintreten.

Die Ungewissheit der Zukunft ist sowohl die Stärke als auch die Schwäche dieser Argumentationsart. Eine Prognose kann sehr spannend sein und ein Gespräch unglaublich bereichern. Sie ist auf der anderen Seite natürlich leicht angreifbar, da Sie immer bestimmte Annahmen treffen müssen, unter denen die Vorhersage eintreffen soll. Versuchen Sie deshalb nie, Ihre Prognosen als Fakten zu verkaufen. Machen Sie im Gespräch vielmehr deutlich, worum es sich handelt, nämlich um eine subjektive Einschätzung der Zukunft. Das gilt übrigens nicht nur für Ihre eigenen Prognosen, sondern auch für die Prognosen so genannter Fachleute.

Prognosen lassen sich sehr gut mit anderen Argumenten verbinden (aufgrund von Fakten, eigenen Erfahrungen oder einer entsprechenden Statistik erwartet, befürchtet oder erhofft man bestimmte Entwicklungen).

Beispiel

L: Was halten Sie davon, die Tabaksteuer drastisch zu erhöhen, um mit den Steuermitteln Anti-Raucher-Kampagnen zu finanzieren?

S: Über eine Steuererhöhung lassen sich nicht unbedingt Steuermehreinnahmen erzielen. (Aussage)

Es gibt Prognosen, die erwarten bei einer Steuererhöhung von 25% sogar eine Verringerung der Steuereinnahmen um 5%, da viele Raucher die Steuererhöhung zum Anlass nehmen mit dem Rauchen aufzuhören, auf andere Produkte umzusteigen oder künftig ihre Zigaretten auf dem Schwarzmarkt zu beziehen. *(Prognoseargument)*

Klar kommunizieren

> *„Eine perfekte Kommunikation kann stattfinden, wenn davon alle Individuen ausgeschlossen werden."*
>
> (Norbert Simon, IT-Spezialist, http://www.aphorismen.de/display-aphorismen.php (25.05.2005))

Kommunikation birgt immer das Risiko des Missverständnisses in sich. Was Person A sagt, kann von Person B ganz anders aufgenommen werden, als von A beabsichtigt. Deshalb ist es gerade auch in Prüfungsgesprächen sehr wichtig, sich möglichst klar und eindeutig auszudrücken.

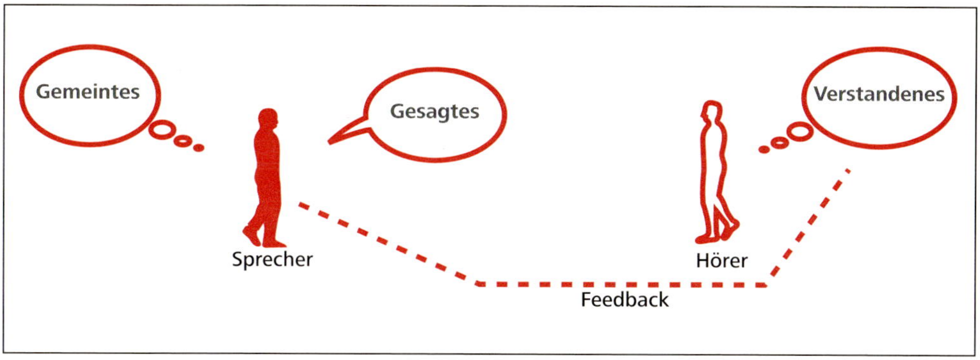

Quelle: Aßmann u.a.: Mit Sprache, 2004, S. 49.

Grundvoraussetzung für eine klare Kommunikation in einem Prüfungsgespräch sind fundierte Kenntnisse. Nur wenn Sie Ihr Themengebiet beherrschen, können Sie im Kolloquium überzeugend auftreten. Wenn Sie nur lückenhafte und unzusammenhängende Kenntnisse besitzen, werden Sie dies vor ihren Gesprächspartnern kaum verbergen können. Ihre Äußerungen werden dann als unklar und unsicher wahrgenommen und Ihr gesamtes Auftreten wird darunter leiden.
Ohne Fachwissen können Sie also kein erfolgreiches Prüfungsgespräch durchführen.

Nur mit Fachwissen allerdings auch nicht! Zusätzlich ist Ihre Kommunikationsfähigkeit gefragt.
Nachfolgend einige Tipps, wie Sie in der Situation Prüfungsgespräch angemessen kommunizieren.

Tipp!

- *klare Formulierungen: verzichten Sie auf Formulierungen wie „eigentlich", „vielleicht", oder „wohl", wenn Sie sich Ihrer Sache sicher sind*
- *gezielt auf Fragen eingehen: fragen Sie ruhig nach, wenn eine Frage unklar geblieben ist*
- *Redebeitrag kurz halten: vermeiden Sie Abschweifungen, die eher vom Thema wegführen*
- *sachlich bleiben: unterlassen Sie persönliche Angriffe auf Gesprächsteilnehmer*

Weitergehende Tipps, falls das Prüfungsgespräch in einer Gruppe stattfindet:

- *Redewunsch signalisieren: mit einem kurzen Handzeichen können Sie Ihren Redewunsch bekannt machen*
- *keine Wiederholungen: ziehen Sie Ihre Wortmeldung zurück, die sich durch andere Teilnehmer erledigt hat*

Ihr Körper redet mit

„Wie Sie Ihren Körper – meist unbewusst – als Instrument im Gespräch nutzen, hat durchaus Einfluss auf die Wirkung dessen, was Sie sagen".

(Kanitz, Gesprächstechniken, 2004, S. 79)

Kommunikation, die nicht über die Bedeutung von Wörtern stattfindet, bezeichnet man als nonverbale Kommunikation (s. Kap. 5.6). Ihr Körper redet also mit. Die Körpersprache ist dabei aber kein Zusatz zu Ihrer verbalen Kommunikation, sondern Teil Ihrer gesamten Kommunikation. Die nonverbale Kommunikation trägt auch im Kolloquium entscheidend zur Wirkung Ihrer Worte und damit auch zur Bewertung Ihrer Leistung bei.

Ihr Gesprächspartner hört nicht nur Ihre gesprochenen Worte, sondern nimmt viele verschiedene Signale auf:

- Blick
- Gesichtsausdruck
- Handbewegungen
- Körperhaltung
- Sprechtempo
- Lautstärke
- Betonung

Alle diese Signale werden – teils unbewusst – von Ihrem Gesprächspartner wahrgenommen und in ein Urteil miteinbezogen.

Das Problem ist, dass sich diese körpersprachlichen Signale nur bedingt steuern lassen. Vor allem in angespannten Situationen (wie zum Beispiel in einem Prüfungsgespräch) läuft vieles unbewusst und nicht nachvollziehbar ab.

„Was jemand denkt, merkt man weniger an seinen Ansichten als an seinem Verhalten."

(Isaac Singer, Schriftsteller und Nobelpreisträger für Literatur, http://ww.zitate.de/detail-kategorie-5499.htm *(25.05.2005))*

Hier einige Grundregeln zur Körpersprache – unterteilt in Mimik, Gestik und Sprachrhythmik – auf die Sie im Kolloquium besonders achten sollten:

Mimik

Die Mimik bezieht sich auf Regungen des Gesichtsfeldes. Ihre Mimik begleitet Sie das ganze Prüfungsgespräch lang. Gleichgültig, ob Sie etwas sagen oder nur zuhören. Umgekehrt wird der Seminarkursleiter Ihre Mimik niemals losgelöst von Ihrem gesprochenen Wort interpretieren. Beides muss zusammenpassen.

Tipps!

Blickkontakt herstellen!

- ➜ *Wenn ich spreche, mache ich mit meinem Blick deutlich, an wen meine Worte gerichtet sind*
- ➜ *Wenn ich zuhöre, signalisiere ich dem Redner Interesse und Aufmerksamkeit*
- ➜ *Blickkontakt zu meiden, kann als unsicher oder abweisend interpretiert werden*

Lächeln Sie!

- ➜ *Durch Ihr Lächeln haben Sie eine positive Ausstrahlung auf Ihre Umgebung (also auf die Seminarkursleiter) und letztlich auch auf sich selbst*

Gestik

Unter Gestik versteht man den Einsatz des Körpers beim Sprechen. Der natürliche Einsatz der Gestik unterstützt die Betonung beim Sprechen und verbessert die Verständlichkeit Ihres Redebeitrags. Dieser natürliche Einsatz von Gesten setzt voraus, dass Sie ein gewisses Maß an innerer Sicherheit und körperlicher Ruhe und Gelassenheit mitbringen. Sie sehen, wie wichtig auch hier eine gute inhaltliche Vorbereitung auf das Kolloquium ist. Denn wenn Sie sich fachlich nicht sicher fühlen, wird Ihre Körpersprache dies nicht verbergen können.

Tipp!

Hände auf den Tisch: Damit sind Ihre Hände jederzeit für Gesten einsatzbereit

Sprachrhythmik

Entscheidend ist oft nicht nur, was Sie sagen, sondern auch wie Sie es sagen. Betonung, Lautstärke und Tempo beeinflussen nicht unwesentlich die Wirkung Ihrer Aussage.

Tipps!

Sitzen Sie aufrecht und locker: Ihre Stimme klingt dadurch besser

Sprechen Sie so laut, dass alle Anwesenden Sie deutlich verstehen können: Zu leises Sprechen kann ihnen als Unsicherheit ausgelegt werden

Wenn Sie eher zu leise sprechen, achten Sie besonders auf deutliche Artikulation: Dadurch lässt sich mangelnde Stimmkraft ausgleichen

Sprechen Sie in kurzen und überschaubaren Sätzen: Diese sind einfacher zu betonen

Machen Sie Sprechpausen zwischen aufeinander folgenden Aussagen und Argumenten: Pausen können Spannung erzeugen und bestimmte Worte hervorheben (und Sie gewinnen Zeit, um zu überlegen, wie Sie fortfahren möchten)

Alle diese Regeln zu beachten ist sicher äußerst schwierig. Selbst geübte Redner beherrschen nicht alle Grundregeln einer erfolgreichen Gesprächsführung. Deshalb wird auch von Ihnen keine perfekte Vorstellung im Kolloquium erwartet.

Dieses Kapitel sollte Ihnen helfen zu erkennen, worauf Sie achten müssen und Ihnen die Sicherheit geben, erfolgreich das Kolloquium im Seminarkurs zu bestreiten.

Übung

Spielen Sie Kolloquium!

In Dreier- oder Vierergruppen bereitet jeder einige Fragen zu einem Themengebiet (z.B. Inhalte der letzten oder bevorstehenden Klassenarbeit) vor. Einer übernimmt die Rolle des Schülers, die übrigen sind die Lehrkräfte. Anschließend die Rollen wechseln.

6.3 Bewertungskriterien des Kolloquiums

Wie wird Ihre Leistung im Kolloquium bewertet?

Letztlich hängt das natürlich von Ihren Seminarkursleitern und deren Anforderungen und Erwartungen ab. Die Autoren dieses Buches unterscheiden beispielsweise bei der Bewertung ihrer Seminarkursteilnehmer vier Bereiche:

Inhalte der Dokumentation	Prozess der Dokumentationserstellung	Seminarkurs allgemein	Gesprächsverhalten

Für jeden Bereich gibt es einige Leitfragen, von deren Beantwortung die Bewertung des Seminarkursteilnehmers abhängt. Nachfolgend sind die wichtigsten dieser Leitfragen aufgeführt, um auch für Sie als Seminarkursteilnehmer die Frage der Bewertung transparenter werden zu lassen.

Inhalte der Dokumentation

- Welche Fachkenntnisse wurden erworben?
- Welche Probleme wurden erkannt?
- Welche Lösungsansätze wurden gefunden?

Prozess der Dokumentationserstellung

- Welches Ziel hatte Ihre Seminarkursarbeit?
- Wie haben Sie Ihr Thema eingegrenzt?
- Welche Informationsquellen haben Sie genutzt?
- Welche Aktivitäten haben stattgefunden?
- Wie war die Arbeitsteilung organisiert?
- Warum sind Sie so vorgegangen?
- Gibt es Alternativen zu Ihrem Vorgehen?
- Welche Fehler haben Sie gemacht?
- Wie war Ihr Zeitmanagement?

Seminarkurs allgemein

- Was hat Ihnen der Seminarkurs persönlich gebracht?
- Würden Sie den Seminarkurs wiederwählen?
- Würden Sie Mitschüler raten, den Seminarkurs zu wählen?
- Haben Sie Verbesserungsvorschläge für den Ablauf des Seminarkurses?

Gesprächsverhalten

- Haben Sie die erforderlichen Fachbegriffe verwendet?
- Konnten Sie auf die Fragen eingehen?
- War Ihre Argumentation logisch aufgebaut?
- Haben Sie sicher gewirkt?
- War Ihre Artikulation deutlich?
- War Ihr Gesprächsverhalten kooperativ?

Seminarkurs – und dann?

Seminarkurse bieten für Schüler und Lehrer ein hohes Maß an Freiräumen. Deshalb wird kein Seminarkurs wie der andere ablaufen. Der konkrete Verlauf hängt immer von vielen Faktoren (Thema, Lehrern, Schülern, Rahmenbedingungen der Schule, usw.) ab.

Dieses Buch sollte Ihnen einen Überblick über einen möglichen Verlauf und Hilfen für die erfolgreiche Gestaltung der Dokumentation, Präsentation und des Kolloquiums geben.

Als Teilnehmer eines Seminarkurses

- suchen Sie ein eigenes Thema
- beschaffen Sie selbstständig Material
- organisieren Sie Ihre Arbeit
- entwickeln Sie eigene Fragestellungen
- suchen Sie Lösungen
- lernen Sie präsentieren
- werden Sie zu einem Experten für Ihr Thema
- lernen Sie selbstgesteuertes Lernen

Selbstständig lernen ist zwar mit zusätzlichem Zeitaufwand und Kraftanstrengung verbunden, wird aber von den meisten Teilnehmern als Bereicherung und wichtige neue Erfahrung empfunden.

Ziel des Seminarkurses ist es, Ihnen Arbeitsmethoden zu vermitteln, die Sie später für Ihre Berufsausbildung oder Ihr Studium benötigen. Bereits bei Ihrem ersten Bewerbungsgespräch für einen Ausbildungsplatz werden Sie von den im Seminarkurs erlernten Fähigkeiten und Kompetenzen profitieren. Ein willkommener Nebeneffekt ist dabei natürlich, dass Sie mit dem Seminarkurs ein Prüfungsfach im Abitur ersetzen können.

Für viele im Laufe der Kursstufe zu erbringenden Leistungen wird Sie das Buch ebenfalls mit nützlichen Ratschlägen versorgen:

- Gleichwertige Feststellung von Schülerleistungen (GFS)
- Projekte
- Referate
- Schriftliche Hausarbeiten
- Präsentationen

Schülerstatements

„Die Teilnahme am Seminarkurs war für mich eine positive Erfahrung im Umgang mit Medien. In einem gut funktionierenden Team lässt sich die umfangreiche Arbeit sehr gut bewältigen."

Susanne Smolka, Seminarkursteilnehmerin 2003/2004

„Der Seminarkurs ist zwar mit viel Arbeit verbunden, aber die Möglichkeit, dadurch ein Prüfungsfach im Abitur zu ersetzen, ist Gold wert."

Fatma Yigit, Seminarkursteilnehmerin 2003/2004

„Die selbstständige Erarbeitung eines Themenkomplexes ist für ein anschließendes Studium an der Uni äußerst hilfreich. Außerdem lernt man im Seminarkurs konstruktiv Kritik zu üben."

Barbara Conte, Studentin an der Uni Leipzig

„Eine Präsentation und eine Dokumentation im Team zu erstellen war eine große Herausforderung, die uns sicher für unser späteres Berufsleben nützlich sein wird.

Andreas Burth, Seminarkursteilnehmer 2003/2004

„Durch die Präsentationsübungen wurde ich sicherer in den GFS und in den Vorstellungsgesprächen."

Katharina Seehaus, Seminarkursteilnehmerin 2003/2004

Literatur-verzeichnis

Aßmann, Hans u.a.: Mit Sprache. Deutsch an Berufsoberschulen/Fachoberschulen, 3. Auflage, Troisdorf, Bildungsverlag EINS, 2004.

Colemann, Daniel: Emotionale Intelligenz, übersetzt von Friedrich Griese, Hanser, München, 1997

Eberhard, Manfred u.a.: BWL mit Rechnungswesen für Wirtschaftsgymnasien, Bd. 1, 3. Auflage, Troisdorf, Bildungsverlag EINS, 2004.

Ernst-Schmidt, Judith: Einleitung, in: Politik & Unterricht, Heft 3, 2002, S. 3–5.

Goethe, Johann Wolfgang von: West-östlicher Divan, Stuttgart, Cottaische Buchhandlung (1819), 1982, S. 1–32.

Hülpes, Michael/Scherer, Manfred: Betrifft Deutsch/Kommunikation, Lehr- und Arbeitsbuch für Deutsch/Kommunikation an beruflichen Schulen, 2. Auflage, Troisdorf, Bildungsverlag EINS, 2005.

Kanitz, Anja von: Gesprächstechniken, 1. Auflage, Planegg, Rudolf Haufe Verlag, 2004.

Kürsteiner, Peter: Reden, vortragen, überzeugen, 1. Auflage, Weinheim, Beltz Verlag, 1999.

LM Kultus Baden-Württemberg, Referat Öffentlichkeitsarbeit (Hg.): Leitfaden für die gymnasiale Oberstufe, Stuttgart. http://www.leu.bw.schule.de/bild/BGVO.pdf

Puhlfürst, Claudia: Nonverbale Kommunikation – Phänomene nonverbaler Kommunikation im Unterricht, in: Praxis der Naturwissenschaften – Biologie in der Schule, Heft 1/54, 2005, S. 25–35.

http://www.aphorismen.de/

http://www.wikipedia.org

http://www.zitate.de

Weiterführende Literatur

Breger, Wolfram/Grob, Heinz Lothar: Präsentieren und Visualisieren, München, dtv, 2003.

Janka, Franz: Wirkungsvoll präsentieren, Niedernhausen, Falken Verlag, 2001.

Linnebitz, Mirjam u.a.: Mindmapping, in: Reich, Kersten (Hg.): Methodenpool. http://www.uni-koeln.de/ew-fak/konstrukt/didaktik/download/mindmapping.pdf

Nöllke, Matthias: Kreativitätstechniken, 3. Auflage, Planegg, Rudolf Haufe Verlag, 2002.

Schardt, Friedel/Schardt, Bettina: Referate und Facharbeiten. Effektive Arbeitstechniken für die Oberstufe, Stark, Freising, 2. überarbeitete Auflage, 2004.

Zmija, Markus: Mind Mapping und Brainstorming, 2001, http://www.zmija.de/downloads/mind_and_brain.pdf

Bildquellen-verzeichnis

Bildungsverlag EINS, Troisdorf/Oliver Wetterauer, Stuttgart, S. 32, 38, 42, 45, 48, 56 (2x), 59, 60, 61, 62, 63 (2x), 64, 67, 68, 76, 96 (6x), 101, 105, 114, 117

MEV, Augsburg, S. 34, 46, 47, 75, 76 (Oben und Mitte), 77

Picture-alliance/dpa/dpaweb, Foto: Ronald Wittek, S. 15

Die im Verzeichnis nicht aufgeführten Abbildungen wurden von den Autoren zur Verfügung gestellt.

Sachwort-verzeichnis

Was ist auf der CD?

Die handlungsorientierte Themenbearbeitung im Seminarkurs hat ihren Höhepunkt in der Präsentation Ihres Arbeitsthemas. Attraktives und erfolgreiches Präsentieren will jedoch gelernt sein. Der Weg zu einer gelungenen Präsentation erfordert viel Training. Die Übungen im Kapitel II 5 Präsentation bilden aus diesem Grund einen Schwerpunkt des Buches. Darüber hinausgehende Übungen und Beispiele würden den Rahmen dieses Kapitels – auch in der Relation zu den Kapiteln II 4 Dokumentation und II 6 Kolloquium – sprengen.
Deshalb wurde das Buch um eine CD mit weiteren Materialien zum Thema Präsentation erweitert.

Sie finden auf dieser CD Lösungshinweise und Lösungen zu den Übungsaufgaben aus dem Buch. Daneben gibt es weitere Beispiele und Übungen rund um das Thema „Präsentation". Die Autoren wollen Sie ermuntern, sich selbstständig – allein oder mit Mitschülern – mit dem Thema zu beschäftigen. Die Beispiele und Übungen beziehen sich auf die Bereiche Visualisierung, Sprechtechnik und Körpersprache.